日本の住宅遺産

名作を住み継ぐ

著＝伏見 唯
写真＝藤塚光政

はしがき　8

写真（撮影：藤塚光政）　17

一、戦前の邸宅は、現代住宅になりうるか——1920〜40年代　81

二、制限と清貧の協奏は、時を超えて響く——1950〜60年代　121

三、気鋭の観念と理想を、引き受ける——1970〜80年代　161

住宅の平面図　197

建築家の略歴　211

あとがき　219

1921
ダブルハウス——ウィリアム・メレル・ヴォーリズ……〔写真↓18 文↓84〕
Double House——William Merrell Vories

1923
岡本の洋館——木子七郎……〔写真↓21 文↓88〕
House in Okamoto——Kigo Shichiro

1928
加地邸——遠藤 新……〔写真↓23 文↓92〕
Kachi House——Endo Arata

1929
旧鶴巻鶴一邸——本野精吾……〔写真↓26 文↓96〕
Tsurumaki Tsuruichi House——Motono Seigo

1930
八木邸——藤井厚二……〔写真↓28 文↓100〕
Yagi House——Fujii Koji

1931
トレッドソン別邸——アントニン・レーモンド……〔写真↓30 文↓104〕
Troedsson Villa——Antonin Raymond

1934
佐々木邸——同潤会 ……［写真↓33 文↓108］
Sasaki House——Dojunkai

1935
土浦亀城邸——土浦亀城 ……［写真↓35 文↓112］
Tsuchiura Kameki House——Tsuchiura Kameki

1943
旧山川秀峰邸——吉田五十八 ……［写真↓38 文↓116］
Yamakawa Shuho House——Yoshida Isoya

1950
軽井沢A型住宅——坂倉準三 ……［写真↓40 文↓124］
House in Karuizawa——Sakakura Junzo

1953

顧空庵——白井晟一……〔写真→42 文→128〕
Kokuan——Shirai Seiichi

コアのあるH氏のすまい——増沢 洵……〔写真→45 文→132〕
Hara House——Masuzawa Makoto

1954

私の家——清家 清……〔写真→48 文→136〕
My House / Seike House——Seike Kiyosi

1955

旧園田高弘邸——吉村順三……〔写真→51 文→140〕
Sonoda Takahiro House——Yoshimura Junzo

私たちの家——林 昌二＋林 雅子……〔写真→54 文→144〕
Our House / Hayashi Shoji & Masako Architects' House——Hayashi Shoji & Masako

1956

浦邸——吉阪隆正……〔写真→56 文→148〕
Ura House——Yoshizaka Takamasa

1958

スカイハウス——菊竹清訓……〔写真→58 文→152〕
Sky House——Kikutake Kiyonori

1964
感泣亭——生田 勉 ［写真→60 文→156］
Kankyutei——Ikuta Tsutomu

1971
ブルーボックスハウス——宮脇 檀 ［写真→62 文→164］
Blue Box House——Miyawaki Mayumi

1972
反住器——毛綱毅曠 ［写真→64 文→168］
Anti-Dwelling Box——Mozuna Kiko

林・富田邸——大野勝彦＋積水化学工業 ［写真→67 文→172］
Hayashi & Tomita House——Ohno Katsuhiko & SEKISUI CHEMICAL

1974
大和町の家——室伏次郎 ［写真→69 文→176］
House in Yamatocho——Murofushi Jiro

新・前川國男自邸——前川國男 ［写真→71 文→180］
Mayekawa Kunio House——Mayekawa Kunio

1976
上原通りの住宅——篠原一男 ［写真→73 文→184］
House in Uehara——Shinohara Kazuo

代田の町家——坂本一成 ［写真→76 文→188］
House in Daita——Sakamoto Kazunari

1980
目神山の家5——石井 修 ［写真→79 文→192］
House in Megamiyama No.5——Ishii Osamu

はしがき

住宅を住み継ぐ、という文化を築きたい。

ヴィンテージ・ジーンズ、クラシック・カー、アンティーク家具、あるいは由緒を尊ぶ茶器の名物や長いこと使われつづけている民藝品など、古いものに価値を見出す文化はあるのに、日本の住宅では、なかなかそれが根づかない。他人の所有物なのだから、外野がとやかく言うことではないのかもしれないが、古くても、よい住宅は残っていってほしいという想いがある。たったそれだけの単純な希望のようではあるが、一筋縄ではいかない。

欧米とは異なり、現代日本では古い住宅に資産価値が認められることは希だ。建物は築年数が増えるほど、徐々に価値が下がっていくという、経年減価の考え方が広まっている。土地の取り引きのため、すぐに更地にされる。都心部では、時に住宅を壊して、その土地を開発することで得られる利益が大きく、古い住宅にそれを超えるほどの価値が認められるのは簡単なことではない。メンテナンスにも費用が掛かる。そうした状況のなか、日本での中古住宅の取り引きは、住宅全体のなかで約一四・七パーセントしかなく、欧米に比べると六分の一程度だという（二〇一三年。国土交通省による）。

この状況を変えようと、政府も専門団体も中古住宅がもっと流通するように取り組んでいる。縮小社会といわれて久しいのだから、新築の住宅ばかりを次々と建てる時代ではない。施策が進めば、いずれもっと容易に住宅を住み継ぐことができるような仕組みができていくのかもしれない。しかし、望んでいるのは、無理に中古に住むしかない未来ではないだろう。「安いから」とか、「それしかないから」ということだけではなく、進んで古いものをよしとする感覚が醸成されてこそ、住宅を継承する文化が築かれた未来が描けるのではないか。政治や経済的な事情とは別に、誰の手も触れていない新築を至上とする価値観にとらわれ過ぎず、古い住宅のよさに耳を傾ける潮流が生まれてほしい。

そうした視点をもちつつ、特に懸念しているのは、日々取り壊されている住宅のなかには、名作もあるということだ。建築家が設計した著名な住宅が取り壊されたという話を、あちらこちらで耳にする。それぞれの事情があるものの、名作の消失を惜しむ気持ちは、やはり芽生える。できれば壊してほしくない、次代に残っていってほしいレガシーとしての住宅（本書では、住宅遺産）があるのだ。だが、他人の所有物なのだから、専門家が「名作」であることを声高に叫んで大切にするように一方的に訴えかけても、所有者は困るばかりだろう。かといって、「壊されたら、残念だよね」と専門家同士で嘆いていても、仕方がない。

そこで、根底に据えるべき文化の敷衍《ふえん》。多くの人に、古い住宅を住み継いで、うまくいっているケースを知ってもらい、いつかは大河にすべく、流れを少しずつ育んでいく。住宅を買おうとするとき、「名作住宅の継承」という選択肢が、多くの人の頭に浮かぶようになる大河をめざして。本書のねらいは、そこにある。

一〇〇～四〇年前に建てられた、二六軒の「現代住宅」

そうしたねらいのもと、雑誌『家庭画報』にて「住宅遺産 名作住宅の継承」という記事を連載した（二〇一六年四月号～二〇一八年七月号）。本書は、その連載のまとめである。毎号一軒を掲載、合計二六軒の取材行脚。一軒一軒、住宅を訪ね、現在の住まい手や所有者にインタビュー、さらに住宅の現状を撮り下ろした（すべて、撮影は藤塚光政氏）。竣工してから時を経て、住まい手が変わりながらも継承され、いまなお住宅として生きつづけている姿を活写したドキュメントであり、建築専門誌ではない一般誌を通じた、多くの人々への「名作住宅の継承」という選択肢のアピールでもある。

しかし、取材対象を探すのは、容易ではなかった。かつて建築家が設計したもので、継承されてきた現役の住宅は、それほどたくさんは発見できなかったのだ。現存していなかったり。新しいものだと、まだ最初の住まい手が住みつづけていたり。逆に古いものだと、住宅以外の用途に転用されていたり。著名人が住んでいた明治期の洋館などは、記念館や文化財として一般公開されているものが多い。もちろん住宅を継承する際、必ずしも住宅として用いる必要はなく、東京都庭園美術館に改修された朝香宮邸や、レストランに生まれ変わった小笠原伯爵邸など、さまざまな転用の事例があるが、本書では「住み継ぐ」ことをテーマとしているため、できるだけ転用されていないものを選んだ。また、住宅の名作は、建築家が設計したものばかりではない、という声もあるだろう。江戸時代に建てられた重要文化財の民家を住み継いでいる人もいる。とはいえ、そこまで範囲を広げると取材行脚の果てがない。今回は対象外としたが、民家や町家なども、もちろん次代に残していきたい住宅であり、住文化であることに疑いはない（いつか訪ね歩いてみたい）。

結果的に取材できた二六軒の内訳は、戦前・戦中の二〇～四〇年代に竣工した住宅が九軒、戦後の五〇～六〇年代が九軒、七〇～八〇年代が八軒となった。前述の通り、取材先を選ぶ余裕はなかったので、偶然ではあるものの、ちょうど三分割できたので、それをそのまま本書の章立てとしている。

ただし、歴史書のクロニクルのように年代順に並べてはいるが、それはあくまで竣工年の順番ということであって、いずれも同時代の「現代住宅」であると考えていただきたい。築年数がどれだけあろうとも、今（現代）も建っている住宅だからだ。たとえば、ウィリアム・メレル・ヴォーリズが設計した「ダブルハウス」（八四ページ）の竣工年は一九二一年であるが、二〇一九年（本書発行年）の住宅でもある。建築専門誌の通例では竣工年を括弧書きして「ダブルハウス（一九二一年）」と表現することが多いし、本書でもそうしているけれども、本当は「ダブルハウス（一九二一年～二〇一九年）」あるいは「ダブルハウス（一九二一年～）」と表現したいくらいなのだ。一九二一年に竣工してから、一〇〇年近くの時を経てきた実績がある。

この二六軒の記事は、建設当時の経緯や建築家の思想の紹介であるとともに、そうした時の経過を観察したものだ。継承の経緯を中心に。継承の物語、二六選である。

継承のかたちは、一様ではない

二六軒の取材を終えてみると、ひとえに住宅の「継承」といっても、さまざまなかたちがあることに改めて気がつく。

まず、住まい手の状況にあわせて次々と更新させていく継承のかたちがある。たとえば「私たちの家」（一四四ページ）では増改築が繰り返されてきた。元住人の林昌二・雅子夫妻の頃、すでに二階の増築などの大改造がなされている。継承者の安田幸一・みどり夫妻もオリジナルの保存にこだわらずに、今後も必要なときには増改築することを宣言した。もちろんオリジナルへの尊重はあるが、そこにしばられずに、状況に応じて変えることの自由を求めたのだ。「スカイハウス」（一五二ページ）においても、竣工当時の二階が宙に浮いたような姿はすでになく、一階や中二階が生活のスペースとして更新されている。生物のように新陳代謝する建築、というコンセプト通り。

一方で、オリジナルに重きを置いて、昔の状態に復原していく継承のかたちもあり、「佐々木邸」（二〇八ページ）では、明確に竣工当時の姿に復するように修理が進められている。アルミサッシを木製建具にし、台所も当時の姿に戻し、失われていた五右衛門風呂まで再現している。「代田の町家」（一八八ページ）も、継承にあたって竣工当初のシルバーの外壁が復原された。外壁に合わせて車までシルバーに買い換えているので、なんだか当時のオリジナルより、さらにオリジナルのように見える。

オリジナルと更新の両者の間で揺れているのが、「ブルーボックスハウス」(一六四ページ)。前住人は名前に反して外壁を白く塗装していた。しかし、しばらくしてから青く戻したという。現住人の方も「白くしたい気持ちは分かる」とのこと。「ブルーボックスハウス」という名前の住宅だが、青と白を行ったり来たりしている。

また、建築家の人となりや思想が、よく理解されたうえでの継承。たとえば「旧園田高弘邸」(一四〇ページ)では、住宅の質はもちろんだが、「吉村順三の作品を見たい」という理由で、継承者が旧園田邸の見学に参加した縁で、継承が決まった。建築を専門としていない人々にもよく知られた吉村順三の名と質には、もはやブランド的な付加価値が備わっているのかもしれない。「大和町の家」(一七六ページ)でも、継承者が「有名建築家の中古物件」と題した雑誌記事を見たのが購入のきっかけである。

それに対し、建築家の作品というより、匿名の住宅の一つとして継承されてきたものもある。「旧山川秀峰邸」(一一六ページ)の継承者は、もともと吉田五十八を知っていたわけではなくて、行政にたまたま斡旋されて住むことになった経緯がある。偶然の邂逅だったが、一目見るなり気に入ったという。結果的に相性がよかったというパターンだ。

そのほかにも、「顧空庵」(一二八ページ)や「感泣亭」(一五六ページ)のように、家族の記憶の器として住宅を残していくことを決意した継承事例などがある。家族の記憶ということでは、「私の家」(一三六ページ)、「反住器」(一六八ページ)などといった、建築家の自邸や実家を継承した建築家の子世代も、親の作品の価値を重く受けとめて、継承にいたっている。

それぞれの住宅に個別の事情があり、一定の類型は見られるものの、継承のかたちは、一様ではない。臨機応変が継承の秘訣だと思うが、一方で型がなければ形無しともいう。過去の継承の在り方は、次代の継承文化の風土をつくる素地となるだろう。

住宅の継承を求める、声明の横溢《おういつ》

なお、住宅の継承を求める声は、本書に限ったものではない。類書がある。この一〇年ほどのあいだに次々と刊行され、少しずつ声が大きくなってきている。二〇一三年に、本書の監修をした一般社団法人住宅遺産トラスト（「あとがき」で詳述。二一九ページ）が設立されたことも含め、気運が高まってきているのだ。たとえば、以下の三書は、本書と同じ視点をもちながら、本書では扱えていない情報が豊富なので、紹介したい。

『再生名住宅　時を超えるデザインⅡ』（足立裕司＋石田潤一郎＋内田青藏＋大川三雄＋角幸博＋千代章一郎＋中川理＋中森勉＋中屋菊次郎＋初田亨＋藤谷陽悦＋山形政昭、鹿島出版会、二〇〇九）
『受け継がれる住まい　住居の保存と再生法』（住総研「受け継がれる住まい」調査研究委員会、柏書房、二〇一六）
『幸せな名建築たち　住む人・支える人に学ぶ42のつきあい方』（日本建築学会編、丸善出版、二〇一八）

『再生名住宅』は、近代建築の保存と再生の研究に取り組んできた近代建築史学の碩学《せきがく》たちが、その成果を一般向けに幅広く発信した書籍。古い住宅を「劇的」に大改造するのではなく、もとの魅力を維持しながら、現代の生活や新しい用途に対応させた増改築の事例を紹介している。図面も載っているので、古い住宅を増改築する際の設計図集としても参考になるだろう。

『受け継がれる住まい』は、住宅を継承する方法やエピソードが、研究者や当事者たちによって、実践的に語られている。古い住宅の継承には、税制や文化財の保存制度なども関わってくることがあり、そういったシステムについての解説も豊富で、勉強になる。「スクラップ・アンド・ビルド」から「キープ・アンド・チェンジ」へ、という価値観の変革を求める考え方が示されている。

『幸せな名建築たち』は、インタビュー集。日本建築学会の会報誌『建築雑誌』の連載「未来にココがあってほしいから 名建築を支えるオーナーたち」をまとめたもので、住宅に限らず、オフィスビルや学校などの維持や運営に関わっている人自身の言葉が収録されている。名建築を継承したオーナーの言葉も多数。当事者の苦労も希望も、よく表れている。

さらに、建築の歴史学では、西洋建築史が専門の加藤耕一氏が『時がつくる建築 リノベーションの西洋建築史』(東京大学出版会、二〇一七)において、西洋の建築における再利用の歴史をまとめ、日本建築史が専門の海野聡氏が『奈良時代建築の造営体制と維持管理』(吉川弘文館、二〇一五)において、建設後の維持管理を扱った研究をするなど、新築時の姿だけでなく、建築の履歴を重要視する流れが出てきている。もちろんこの流れは、昔の史実を解き明かすことだけが目的なのではなくて、現代へのメッセージを込めたものでもあるはずだ。

住宅や建築をすぐに壊すのではなく、使いつづけていくことを推奨する声、ときには切望する声は、すでに方々《ほうぼう》から発せられている。

とはいえ、先に述べた通り、時代の潮流だからといって、義務感で嫌々古い住宅に住むような文化が望ましいとは思えない。まずは、建築にとって時の力は、質を落としていくことばかりに働くのではないということを理解いただいて、本書に掲載されているような名作がほしくなる文化を。古くても、よい住宅があることを共感してほしい。

ページをめくって、住まい手の方々が出迎えてくださる名作住宅の数々をご覧いただきたい。

※本書に掲載されている住宅を、無断で見学にいくことは避けてください。住まい手の方のご迷惑になります。また、勝手に見学者が来るということが、名作住宅のレッテルになってしまっては、今後の名作住宅の継承にとって、著しい妨げになるでしょう。

日本の住宅遺産

名作を住み継ぐ

Japan's Heritage Houses

写真＝藤塚光政
Photos by Fujitsuka Mitsumasa

ダブルハウス——ウィリアム・メレル・ヴォーリズ

Double House——William Merrell Vories

1921

P.84

岡本の洋館

House in Okamoto

木子七郎

Kigo Shichiro

1923

P.88 ←

加地邸

Kachi House

遠藤 新

Endo Arata

P.92 ←

1928

旧鶴巻鶴一邸——本野精吾

Tsurumaki Tsuruichi House——Motono Seigo

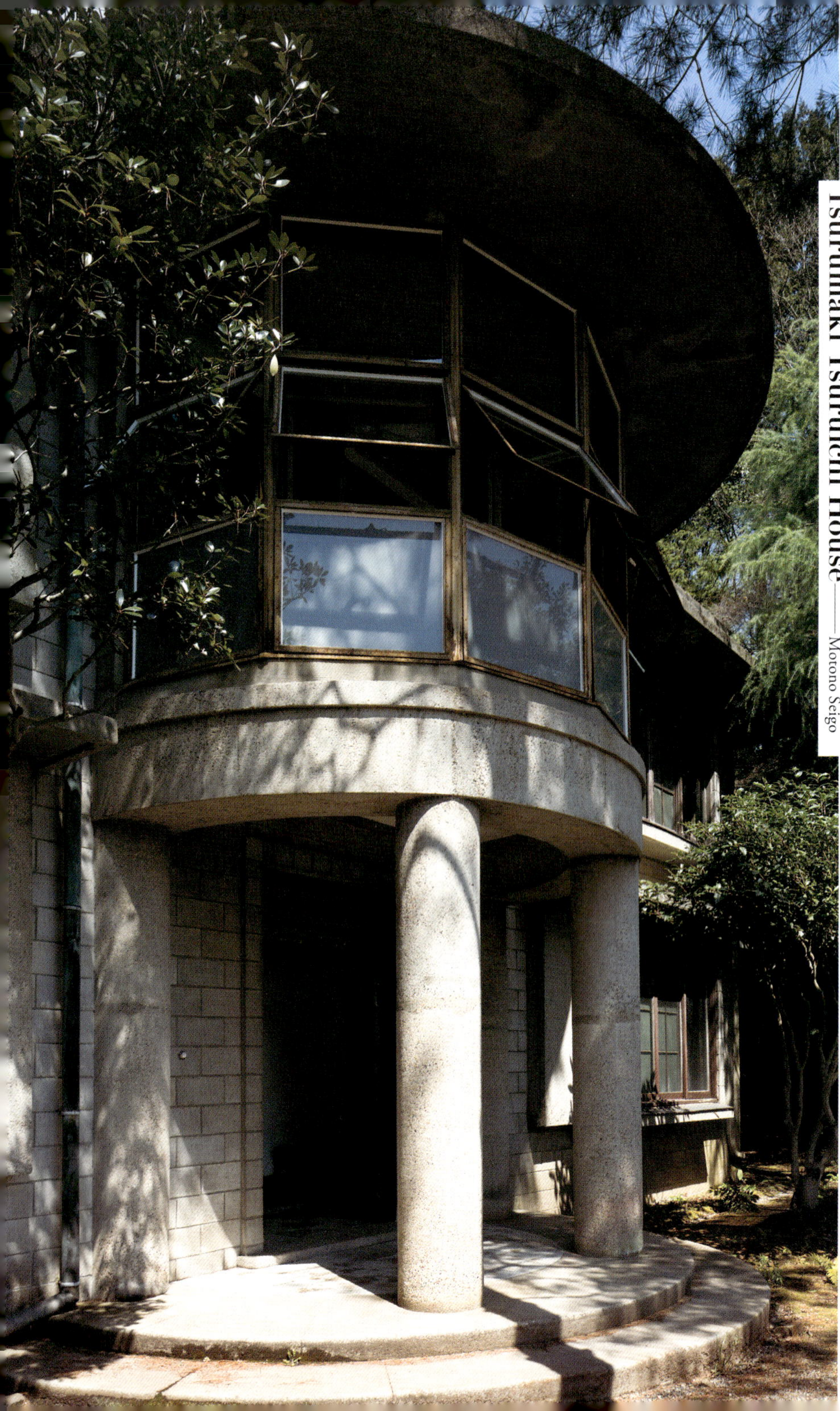

P.96 ←

1929

八木邸——藤井厚二

Yagi House——Fujii Koji

P.100 ←

1930

トレッドソン別邸——アントニン・レーモンド

Troedsson Villa——Antonin Raymond

1931

→ P. 104

佐々木邸
Sasaki House

同潤会
Dojunkai

1934

P.108 ←

土浦亀城邸
Tsuchiura Kameki House

土浦亀城
Tsuchiura Kameki

P. 112

1935

旧山川秀峰邸

Yamakawa Shuho House

吉田五十八
Yoshida Isoya

P. 116 ←

1943

軽井沢A型住宅

House in Karuizawa——Sakakura Junzo

——坂倉準三

P. 124 ←

1950

顧空庵——白井晟一
Kokuan ——Shirai Seiichi

1953

→ P.128

コアのあるH氏のすまい

Hara House — Masuzawa Makoto

増沢 洵

1953

P. 132 ←

私の家——清家 清

My House / Seike House——Seike Kiyosi

1954

→ P. 136

SEIKE AVENUE

SEIKE AVENUE

旧園田高弘邸

Sonoda Takahiro House

吉村順三

Yoshimura Junzo

P. 140 ←

1955

SONODA

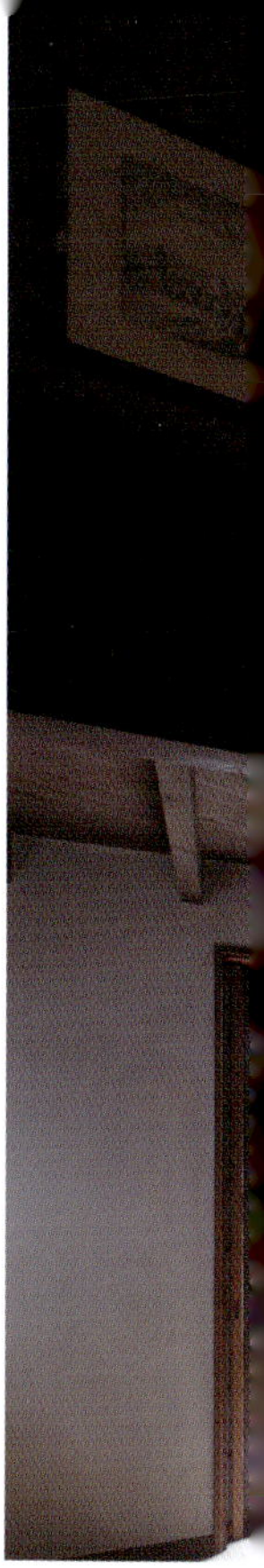

私たちの家

——林 昌二＋林 雅子

Our House / Hayashi Shoji & Masako Architects' House

——Hayashi Shoji & Masako

P. 144 ←

1955

浦邸——吉阪隆正

Ura House——Yoshizaka Takamasa

P. 148 ←

1956

スカイハウス——菊竹清訓

Sky House——Kikutake Kiyonori

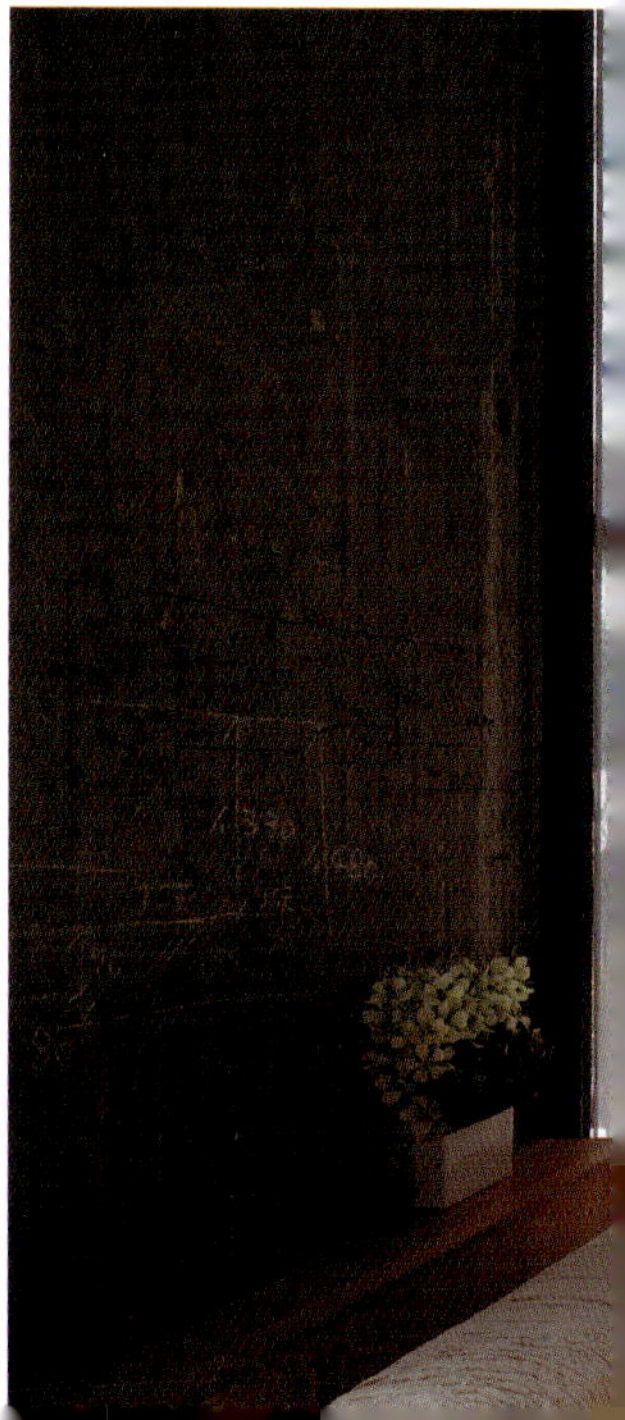

P. 152 ←

1958

感泣亭——生田 勉

Kankyutei——Ikuta Tsutomu

P.156 ←

1964

ブルーボックスハウス

Blue Box House——Miyawaki Mayumi

——宮脇 檀

P. 164 ←

1971

反住器——毛綱毅曠

Anti-Dwelling Box——Mozuna Kiko

1972

→ P. 168

林・富田邸

Hayashi & Tomita House

大野勝彦＋積水化学工業

Ohno Katsuhiko & SEKISUI CHEMICAL

P. 172 ←

1972

大和町の家

House in Yamatocho

室伏次郎

Murofushi Jiro

P. 176 ←

1974

新・前川國男自邸

Mayekawa Kunio House——Mayekawa Kunio

——前川國男

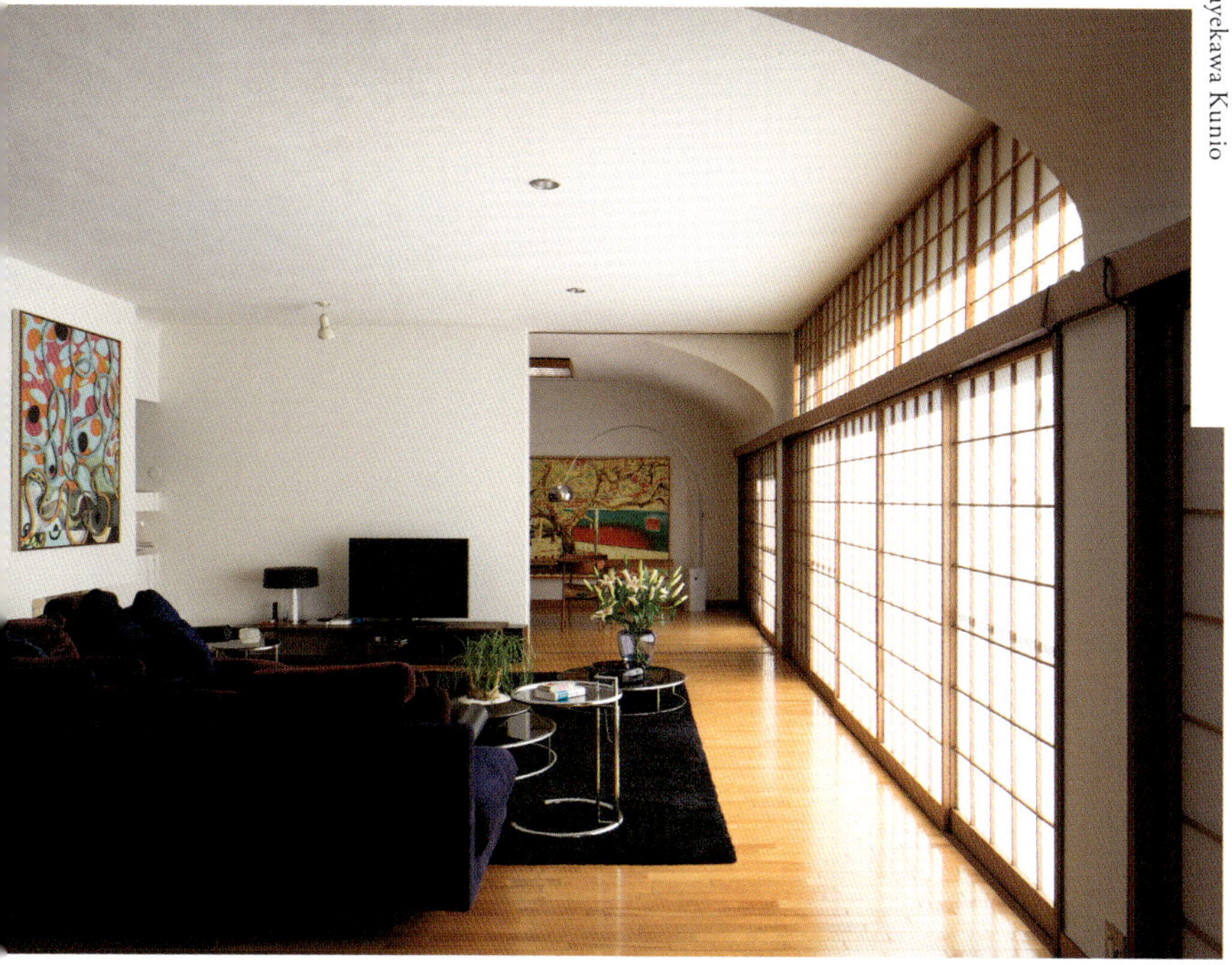

1974

P.180 ←

上原通りの住宅

House in Uehara——Shinohara Kazuo

篠原一男

P.184←

1976

代田の町家——坂本一成
House in Daita——Sakamoto Kazunari

1976

→ P. 188

止まれ

目神山の家5

House in Megamiyama No.5

石井 修

Ishii Osamu

P. 192

1980

二、

戦前の邸宅は、現代住宅になりうるか

――1920～40年代

一〇〇年前は、住宅が大きく変わった頃

おおよそ一〇〇年前に建てられた住宅の話から。一九二〇年頃（本書の発行は二〇一九年）は、第一次世界大戦を経て、世界各地で民主化運動が起こり、日本もいわゆる大正デモクラシーの真っ只中だった時期である。政治的な運動だけでなく、個人の自由と権利を主張する風潮が広がり、さまざまな大衆文化が生み出されていった。たとえば文学でいえば、志賀直哉や有島武郎などの私小説で知られる『白樺』が刊行されていた頃だ。

一般の個人住宅も変わった時期で、明治以来の西欧化が中流階級まで浸透しつつあった。従来の和風住宅に洋風を取り入れる和洋折衷が進み、本書でいえば、「八木邸」（一〇〇ページ）や「佐々木邸」（一〇八ページ）のように玄関脇に洋風の応接室を設けた住宅が見られるようになる。床に座る生活（ユカ座）から、椅子に座る生活（イス座）に切り替えようとする流れも顕著になっていった。

そうした住宅を広く変えていこうとする啓蒙活動は盛んに行われ、一九一六年には住宅改良会という組織までつくられている。その中心メンバーだった三角《みすみ》錫子《すずこ》の自邸（一七年）には、能率的に家事ができるように、台所に食卓を置いたダイニングキッチンがある。使用人のいない中流層の住宅のモデルとして、家事動線の合理化が追求されたのだ。「ダブルハウス」（八四ページ）を設計したウィリアム・メレル・ヴォーリズも、二三年に刊行された『吾家の設計』のなかで、短い動線の台所を推奨し、住まいの合理化を説いている。

時を同じくして、欧米発の近代建築の影響が出始める。二〇年に分離派建築会が結成された。当時若年の建築家たち（堀口捨己《すてみ》、石本喜久治ら、東京帝国大学建築学科の卒業生六人）は建築の芸術性を高らかに宣言し、海外の新しい建築デザインを受け入れる土壌をつくるとともに、建築家の自由な創意を鼓舞していった。また、一六年に帝国ホテルの設計を依頼されたフランク・ロイド・ライトが幾度も来日。そこでライトと接点をもった人々、とくに遠藤新（九二ページ）や田上義也などが強い影響を受けている。ライトとともに来日したアントニン・レーモンド（一〇四ページ）も、二一年に日本で建築事務所を開設し、後に所員の日本人建築家（前川國男や吉村順三など）を育てた。

技術面でも大きな転機を迎えている。二三年、関東大震災。周知の通り甚大な被害が出たことから、耐震や耐火がさらに注目される。二六年、「耐震構造の父」ともいわれる内藤多仲《たちゅう》が、鉄筋コンクリート造の耐震壁でできた壁式構造の自邸を建てている。電気の普及も少しずつ進んでおり、二二年、住宅の電化を推し進めようと、電気工学者・山本忠興《ただおき》が電力を大々的に導入した自邸「電気の家」を建てた。そうした技術の黎明期のなか、震災復興として住宅を供給するために組織された同潤会（一〇八ページ）は、耐震、耐火、そして電気・ガス・水道などの設備を売りにしていたのだ。

この時期に生まれた変化のほとんどは、それぞれに次第に浸透し、現代の住宅にとっては当たり前となったものが多い。個人主義、あるいは消費社会の萌芽が住まいを形づくり、同じ地平にある現代住宅の原点のいくつかが、築かれていった。そのことが、一〇〇年近くを経ても住みうる、継承の下地になったにちがいない。

ダブルハウス——ウィリアム・メレル・ヴォーリズ

Double House——William Merrell Vories

1921

「神からの預かりもの」としての住まい

牧師の榎本恵さんは、自らが暮らす住まいを「神からの預かりもの」と表現する。数年前にご自身が購入した住宅だが、個人の所有物というより、どこか「預かりもの」という感覚があるという。榎本さんが暮らすのは、およそ一〇〇年前につくられ、数代にわたって住み継がれてきた「ダブルハウス」という住宅である。

自分のものだからといって、自分の自由にはしない。その背景には、キリスト教の「スチュワードシップ」という思想がある。神から委ねられたものを、人がしっかりと管理していくことを意味し、いわば自分の財産を公的な存在としてとらえる思想だ。信仰心がなくとも、感服する考え方ではないか。そしてダブルハウスを設計した建築家も、まさにその「スチュワードシップ」の精神をもっていただろう。キリスト教の伝道を目的として、アメリカから来日した人物で、名前は、ウィリアム・メレル・ヴォーリズ。

ヴォーリズは、ピューリタン精神に満ちた家庭で育ったクリスチャンであり、ＹＭＣＡ

→食堂から扉越しに、南側の庭に面した居間を見る。椅子に座っているのは、住人の榎本恵さん、康子さん夫妻。この居間や食堂は、客を招くパブリックなスペースでもある。

（キリスト教青年会）の紹介をうけて、明治三八年に滋賀県の近江八幡の商業学校に英語教師として赴任した。その後、近江八幡を拠点に、近江ミッション（現・近江兄弟社）という団体をつくり、伝道のほか薬品メンソレータム（現・メンターム）やミズナリー・ピアノの販売事業など広範な活動を展開していく。さらに建築家としてアメリカの建築技術や伝統を背景とした建築設計も行ったのである。これだけ多方面に足跡を残したヴォーリズだが、いずれの事業においても、クリスチャンの精神が通底している。前述の「スチュワードシップ」に則り、世の中にあるもの、つまりクリスチャンにとってのさまざまな「神の所有物」に奉仕していくなかで、結果的に多才を発揮していったのではないか。

　ヴォーリズが設計した建築も、クリスチャンらしい奉仕の精神に満ちている。彼は、建築設計者は依頼主の意を汲む奉仕者だと考え、使う人のために最新設備を採用し、効率的な間取りを考案し、さらに日本の伝統にも関心をもつなど、固定観念に縛られない最善の道を探った。合理化は、クリスチャンの務めだという考え方だ。そのモデルハウスとして建てられたのが、近江八幡の池田町にある住宅群であり、ダブルハウスもその一つである。

　ダブルハウスの特徴は、たとえば戦前とは思えないほど充実した台所などの水まわりだ。また廊下を短くし、時間と労力、そして建設費を抑えようともしている。今ではそれほど珍しく感じないかもしれないが、家事や生活を効率的にするという発想は、当時の日本家屋ではあまり見られないものだった。「体も学歴も時間も神の所有」とするヴォーリズならではの効率的な住まいなのである。

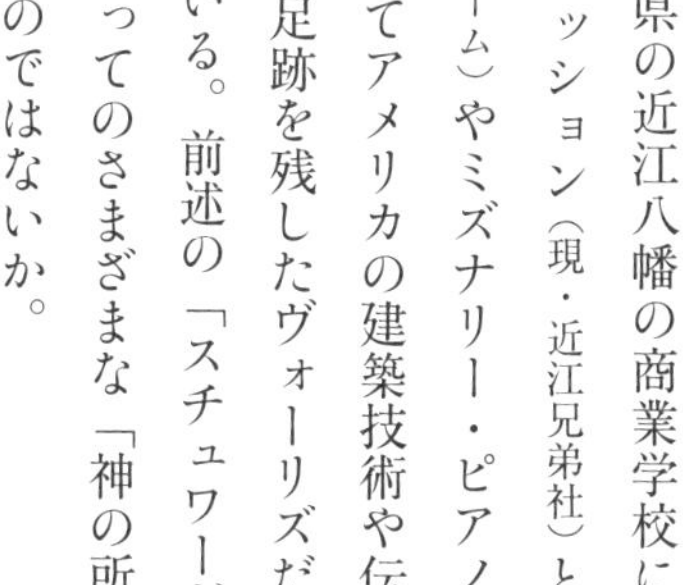

→食堂から、左に居間、右に玄関（もとは朝食室）を見る。回遊性のある間取り。

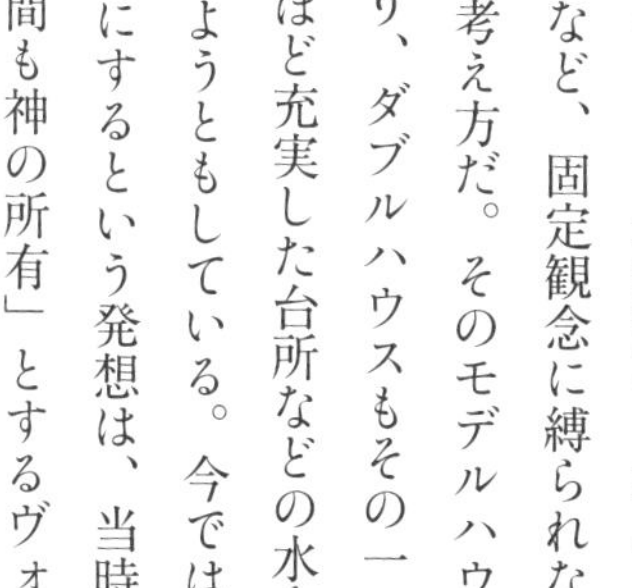

→南側の庭に面するサンルーム（後の増築）。

ダブルハウス——→P.18（写真），P.198（図面）

友情が生んだ縁

ダブルハウスは、名前のとおり二世帯住宅であり、最初はヴォーリズの両親と設計技師のスタッフがそれぞれ暮らしていた。その後も近江ミッションの関係者が継承したものの、最近になって代替わりなどの理由からダブルハウスはいずれも空き家になっていた。

一方榎本さんは、長らく沖縄で働いていたが、仕事の関係で出身地の近江八幡に戻ってきたところだった。そのとき偶然にも、同じ中学校と高校に通っていた親友と、三〇年近くの時を経て再会した。彼はダブルハウスの以前の所有者の遠縁にあたり、管理を任されていたのだという。ひとしきり旧縁を語り合った後、親友から保存しながら住むことを条件にダブルハウスの購入をすすめられた。榎本さんは、貴重な家に住めるということ以上に、親友が自分のことを信頼してくれたことが、なにより嬉しかったという。

こういった経緯でダブルハウスに住むことになった榎本さんは、「僕は、このヴォーリズの家に住まいながら、まさにすべてを神からの預かりものとして、次の世代へ手渡していく者となりたい」と述べ、継承に対して驚くほど強い志をもっている。

建築の特徴に詳しい専門家の存在

当然のことながら住宅は、建てられた時代や、設計した建築家などの条件の違いによっ

→家族が使う内向きの食堂。台所と隣接している。客用の食堂とは別室。

→南側の庭から見た外観。何度か改修され、もとは南側に玄関があった。現在は北側。

てそれぞれ異なる特徴をもっている。そのため、住宅を継承し、それを維持していくとなると、その特徴に詳しい専門家の協力が大きな助けになる。

近江八幡市では、ヴォーリズが設計した旧八幡郵便局舎を拠点に、NPO法人ヴォーリズ建築保存再生運動一粒の会が、ヴォーリズの精神に共感して建築の保存再生運動をしている。その理事であり、一級建築士でもある石井和浩さんは、榎本さんの中学校の同級生だったこともあり、ダブルハウスの修復にあたり協力した。手に入りにくい窓ガラスや瓦などの手配に尽力している。石井さんは、保存や修復の過程で生まれる人のつながりを大切にし、石井さんの紹介で、榎本さんも多くのヴォーリズ建築の研究者や愛好家と知り合うことができたという。二〇一五年一二月に石井さんは急逝されたが、ヴォーリズ建築の精神と人脈が榎本さんに受け継がれただろう。家だけが継承されたわけではない。

クリスチャンのつくった家が、クリスチャンの手で継承された。継承の秘訣のひとつは信仰心そのものだ。だが、それだけではなくて、信仰心からくる合理性が、多くの人が住み継ぎ、現代でも通用するような、時を超えうる家の骨格を生んだのだろう。［二〇一七年二月］

→広々とした台所。キッチンカウンターは、竣工当時のものだという。一〇〇年近く前から、現代と同じような暮らしが想定されていた。

→旧八幡郵便局舎の改修にあたる石井和浩さん。（提供／NPO法人ヴォーリズ建築保存再生運動一粒の会）

ダブルハウス——→P.18（写真），P.198（図面）

岡本の洋館

House in Okamoto

——木子七郎
Kigo Shichiro

1923

洋館への憧憬

〈洋館〉という言葉の響きは、なにか特別な情景を思い起こさせる。外国人の居留地だった横浜や神戸などの洋館は、明治以降に日本の生活様式が西洋化していくなかで、海外文化の象徴として映ったであろうし、当時の政治家や実業家の家も次々と洋館でつくられ、ある種の憧憬を感じた人も少なからずいたにちがいない。西洋風を求める、いわゆる〈ハイカラ〉の文化もあった。さらには、そうした時代風潮を表現するように、洋館が数々の小説や映画などの舞台にもなり、縁遠いゆえにときには憧憬を伴うような洋館へのイメージは、今でも多くの日本人が共有しているものだろう。

神戸市の山の手に建つ「岡本の洋館」は、まさにそうした洋館の一つだ。染料や化学工業の発展に寄与した実業家の稲畑二郎が一九二三年に建設し、後に、関西海運界の雄だったという「宮地汽船株式会社」の迎賓館として使われるようになった建築である。明治・大正の実業家の邸宅、そしていかにも企業の迎賓館にふさわしい豪華な意匠であり、一般

→玄関側の外観。外壁は、鱗状に赤茶色の下見板が張られている。扉の前に、所有者の塩野才治さんと平野政子さん。

の日本人には非日常的なそのデザインが、いわば「洋館らしい気品」を漂わせている。
この洋館を設計した建築家・木子七郎は、そうした品格、あるいは権威ある建築を設計するのに十分な家格で育った人物だ。江戸時代以前から内裏（御所）の大工を代々担ってきた著名な家の出身なのである。父（木子清敬）も、明治宮殿などの皇室関係の建築を手がけている。そうした装飾豊かな建築と関わる環境からか、木子のデザインのボキャブラリーは豊富だ。特に「岡本の洋館」で際立っているのは、まず左官の仕事だろう。天井中央や縁に、古代ギリシャから使われてきたアカンサスの葉に見えるモチーフなど、まるで彫刻のような細かい仕事が見られる。また外観では、栗材だという赤茶色の下見板に覆われた外壁が印象的である。

その後、一九六三年に宮地汽船から不動産会社の手に渡り、洋館と一緒に建っていた和館や茶室なども含めた敷地を「岡本ガーデン」という名前で分譲する計画が進められた。その最中、大正初期から化粧品の卸売り業などを市内で広く営んでいた塩野家の先代が、居留地を彷彿させるこの洋館に一目惚れし、一九六五年に建物ごと購入したのだそうだ。「洋館への憧憬」が、この建築を未来へつないだ。

洋館を未来へ

戦後の住宅は、核家族化に応じたものになっていったので、洋館は現代の生活様式に合っ

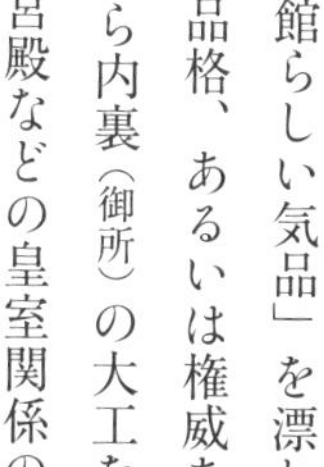
→一階玄関ホールを廊下から見る。階段は細部までつくり込まれている。奥に見えるのは、玄関の扉。

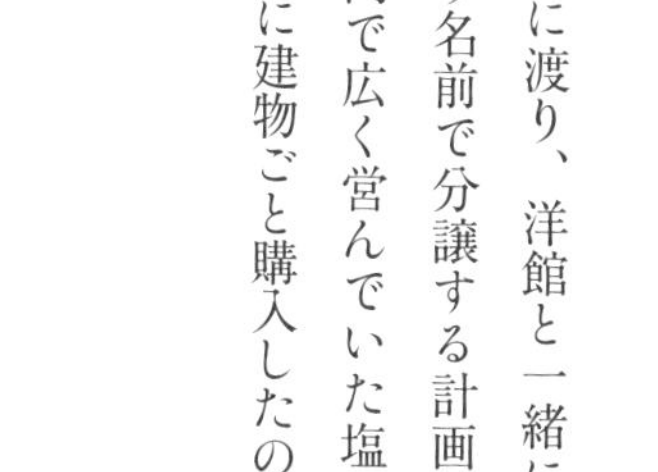
→一階リビングルーム。天井の縁には左官のモールディング。左には石造りの暖炉がある。

岡本の洋館——→P.21（写真），P.198（図面）

たものではない。だが、塩野家には家業があり、従業員やお手伝いさんとともに一〇人以上で住んでいたので、広いスペースは無駄ではなく、「岡本の洋館」は戦後も住宅として使いつづけられた。また来客も多く、まさに迎賓館のように整えて、出迎えていたという。当時の賑やかさが想像できる。個人住宅で、これほどの空間で接客を受けるとは思わないから、客もさぞ驚いたことだろう。

その後、従業員の部屋を使わなくなり、子どもが独立し、現所有者の塩野才治さんと奥さまのふたりきりになったのをきっかけに、塩野家は六甲へ引っ越した。今、この洋館は常住の住まいではない。それでもしっかりと残っている。「扉や瓦などの一つ一つが普通ではないから、どこを修理するにしても、原状回復がすごく手間だし、お金がかかる」と塩野さんは苦労を口にする。「子どもの頃は、友達の家とあまりに違うし、広すぎて使い勝手も悪いと感じていました」と娘の平野政子さん。ただお話や表情の端々から、おふたりとも、それでもこの家を残したい、という想いが溢れ出ていた。不便があったかもしれないが、長く暮らした住まいなのだから、数々の思い入れがあるにちがいない。住宅の価値は機能や効率だけでは語れないところがある。

こうした洋館をどう残すのか。もちろん住宅として住み継がれるにこしたことはないが、それが可能な住まい手は極めて限られる。このままでは、たぶん寒い。住宅以外の利用も含めて、今後の継承のあり方が模索されている。

→漆喰装飾。左官職人・久住章さんによると「赤坂離宮に匹敵する仕事」。

→一階テラス。神殿のように、柱、扉まわり、床のタイルはすべて白で統一されている。

残すための未来の模索

古い名作住宅は、国や自治体の有形文化財に指定されることもある。社寺や町家ばかりではなく、明治以降の近代住宅の文化財も増えてきている。「岡本の洋館」も、神戸市の文化財保護課が指定の可能性を検討中だという。すでに建築史家の大野敏さんが調査を行い、「貴重な歴史的・文化的資産」としてお墨付きをもらっている。文化財の指定は保護が目的のため、やや活用に制限があるものの、修理の際に補助を受けられ、税制優遇もあることから、ときには継承の後押しになるだろう。

やはり洋館は、その広さ、生活様式、あるいはデザインなどにおいて、現代の住宅とは異なるところが多すぎる。住宅としての継承にこだわりすぎないほうがよいだろうか。かつても迎賓館として使われていたように、企業が客をもてなす施設にしたり、会員制のラウンジなどにする道も考えたほうがよいのかもしれない。そうした用途に似つかわしい風格ではないか。

洋館には、特有の力がある。明治・大正の頃に異国の先進へのあこがれの象徴だったという昔の話だけでなく、今でも散逸しがちな「豪華さ」のイメージを、多くの日本人が共有できるものとして、かろうじて洋館がつなぎとめてくれているとも感じる。誰か継承者はいないものか。洋館をさらに未来へ。［二〇一六年七月］

→一階リビングルームから食堂を見る。部屋境のガラス戸は壁のなかに引き込むことができる。

岡本の洋館 ——→ P.21（写真），P.198（図面）

加地邸——遠藤 新
Kachi House——Endo Arata

1928

帝国ホテルのような家

一九二三年から六七年までの四四年間、フランク・ロイド・ライトの設計による帝国ホテル（旧本館）が、東京・内幸町に建っていた。明治以降、国賓を含めた外国人の訪日が増えつづけ、その迎賓と宿泊施設の役割を担っていた帝国ホテルは、大正期の新館建設にあたって、ライトに設計を依頼したのだ。平等院鳳凰堂のように左右対称に翼廊《よくろう》があり、水平性の強調された堂々とした佇まい。大谷石やスクラッチタイルを駆使した、マヤ遺跡のようであり、幾何学的にも見え、特定の様式にとらわれていないが、どこか権威を感じる意匠。そして何より、そうした意匠に囲まれながら、高窓からの光にも溢れた三層吹き抜けのロビーが特徴的だった。かつて帝国ホテルを訪れた人たちは、このロビーには相当に驚いたらしく、「ロビーが印象的で、今でも覚えている」という昔話をよく聞く。

　その帝国ホテルの設計にあたって、ライトの弟子筋にあたる日本の建築家たちも手伝っていた。その一人が、チーフアシスタントの遠藤新だ。遠藤はライトのよき理解者であり、

→帝国ホテルのロビーのような居間と、加地邸を継承された武井泰士さんと雅子さん。二階にはギャラリー（回廊）がある。

帝国ホテルのほかに、日本でのライトの作品である自由学園明日館や旧山邑邸でも協力する。さらに、「西の帝国ホテル」ともいわれた甲子園ホテルなどの自身の作品においてもライトからの影響が色濃く、作風においても、交友関係においても、日本では特別にライトと近しい関係にあった。その遠藤が設計した住宅が、葉山の「加地邸」である。

加地邸の居間は、まるで帝国ホテルのロビーのようだ。全体を統一する幾何学的な意匠や大谷石の使用だけでなく、二層の吹き抜け、そして吹き抜けの両脇には、帝国ホテルと同じくギャラリー（回廊）と称される部屋があり、居間を見下ろせる構成になっている。帝国ホテルのエントランスにあたる方向には、庭やテラスとつながる大きな窓があり、室内を明るくするとともに視線と意識を緑豊かな外に向かわせることだろう。帝国ホテルのロビーのままでは住宅にとっては大仰すぎるが、スケールや配置を調整しながら、日本人の住宅として、しっくりくるように順応させている。

そこに、ライトの建築を単にトレースしただけではない遠藤独自の力量が垣間見えるが、しかし全体としては徹底してライト式でまとめ上げられ、自らの主張よりも、むしろ師への敬意に満ちた賛歌の賜物に見える。

古いものに、親しみを感じる継承者

加地邸は、三井物産や大正海上火災保険の重役などを務めた加地利夫の住宅だ。その後

↑二階から一階の居間を見下ろす。遠藤は、建築だけでなく家具などをトータルにデザインした。

↑大谷石を用い、軒先の水平のラインが際立ったライト式の外観。

加地邸――→P.23（写真），P.199（図面）

も数代、加地家が住み継いできたが、数年前に都内へ引っ越しをしたことにより、屋敷は空き家になっていた。次の住まい手を求めて不動産会社にも相談をしていたが、なかなか買い手が見つからなかったという。

この建物を未来に残したい。遠藤新の作品として、葉山になじんだ地元の遺産として。そうした想いをもった人たちによって、「加地邸保存の会」が結成された。地元の人たちも多く参加することで、少しずつメンテナンスを行い、さらに加地邸の存在を広めるために展覧会なども実施した。次の住まい手を受け入れる準備を整えていったのだ。加地利夫は、この家に近隣の人たちをたびたび招き親交を深めていたというが、九〇年近く経って、継承活動を契機に再び地域と家とのつながりが生まれた。

加地邸保存の会の尽力もあり、武井泰士さん、雅子さん夫妻が加地邸を継承することになった。夫妻は使い捨て食品容器の卸販売、販促商品企画製造販売、そして建築ストックの活用など、幅広い事業を行っている。クラシックカーのレースにも参加しているふたりにとって、古いものを継承するのは自然なことだったという。「クラシックカーに乗るとき、前の所有者の改造も含めて楽しんでいるように、この住宅でも、過去の記憶が積み重なっていることに魅力を感じた」と泰士さん、「過去の暮らしの物語を想像するのも楽しい」と雅子さんは述べる。

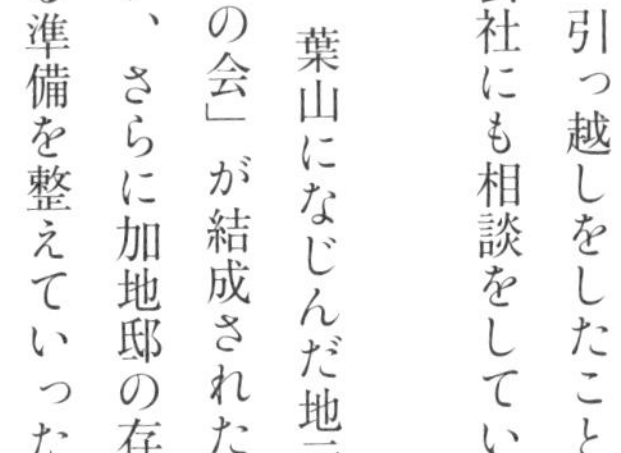

→食堂からバルコニーを見る。ガラスの桟のデザインにライトの影響が見られる。

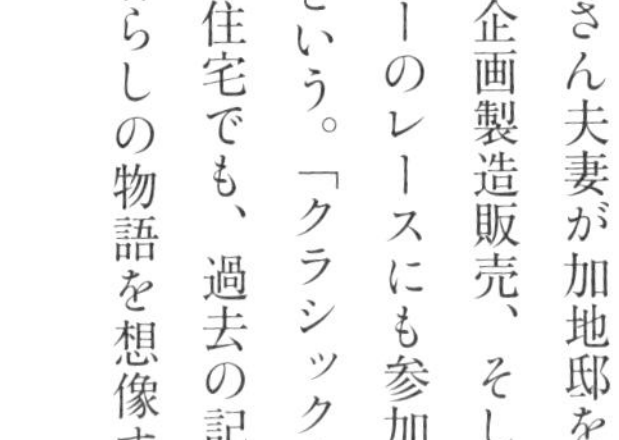

→居間の脇のサンルーム。五角形の平面の中に六角形の机が置かれた幾何学的な意匠。

まずは掃除から

名作住宅が、いつも綺麗な状態で残っているとは限らない。しばらく空き家の状態がつづけば、各所が傷むし、埃も積もる。加地邸保存の会が加地邸の継承を進めるうえで最初に考えたのは、「まずは掃除から」だった。継承者を探すためには、展覧会やシンポジウムなどを行うことによって、加地邸の存在を広めていく必要があったが、そのお披露目のためにも、掃除から着手。スズメバチの巣が五つもあったりと、なかなかたいへんなこともあったという。

苦労の末、二〇一四年に最初の展覧会を実施することができた。展覧会の見出しコピーは「加地邸をひらく」。ひらかれた加地邸には、約四五〇〇人もの人が集まった。こうしたメンテナンスを継承前からなしえたのは、葉山に住む加地邸保存の会のメンバーの協力があったからだ。その想いは受け継がれ、武井夫妻、夫妻が経営する会社の社員、そして引き続き葉山の人たちによって、日々メンテノンスされている。

その甲斐あって、加地邸の居間は、今なお帝国ホテルのロビーのようだ。きれいにメンテナンスされた加地邸は、いつでも人を招き入れることができる、ひらかれた住宅として、ホテルのロビーと同じように、人々の集いと語らいの場になっていくことだろう。

［二〇一七年一二月］

→居間の裏側にある球突室。居間と床レベルを変えている。床レベルを変えて空間に動きのある流れを生み出すのは、帝国ホテルと同様の手法。

→加地邸の掃除を行う加地邸保存の会。（提供／一般社団法人住宅遺産トラスト）

加地邸 ──→ P.23（写真），P.199（図面）

旧鶴巻鶴一邸

Tsurumaki Tsuruichi House

——本野精吾

Motono Seigo

1929

技術の結晶としての住宅

住宅は、人の住まいであるとともに、技術の結晶でもある。その技術のなかには、見る人が見れば目を見張るものがあり、住宅は建築の技術史の観点でも価値づけられる。昔の建築技術というと、今では淘汰されたものだと思われがちだが、長い間、壊れることなく、立ち続けてきた実績をもった建築の技術ともいえる。京都・御陵《みささぎ》の「旧鶴巻鶴一邸」も、特殊な技術でつくられたもので、すでに竣工後九〇年近く経つ住宅である。

この住宅で用いられているのは、中村鎮という建築家が開発した通称「鎮ブロック」といわれる鉄筋コンクリートの構造をつくる技術だ。L字型のコンクリートのピースを組み合わせてブロックを形づくり、その中に鉄筋を通し、コンクリートを流し込むものである。場所によっては、ブロック内部にコンクリートを流さずに中空にして軽量化したり、配管のスペースにすることもできる。まだほとんどの住宅が木造だった時代だが、コンクリートの研究や開発は進められており、特に鎮ブロックを用いた建築は関東大震災で倒壊

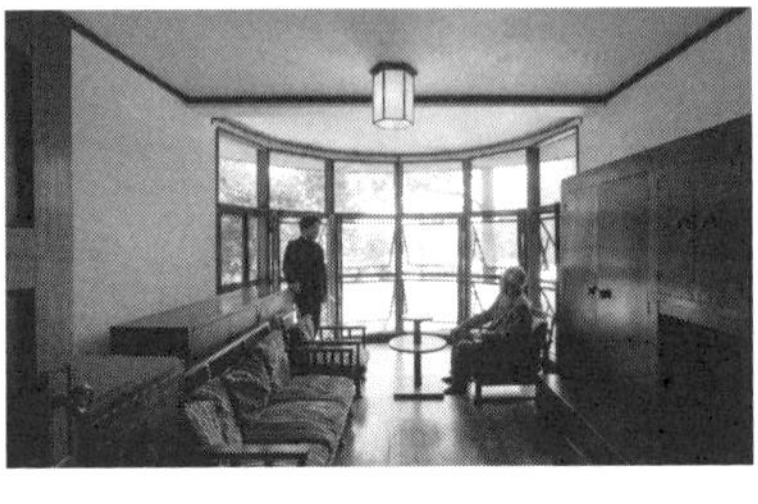

→玄関ポーチの上にある半円形の部屋。窓際には、所有者の栗原眞純さん（右）と建築史家の笠原一人さん（左）。

しなかったともいわれ、当時からその性能が評価されていた。建築家・本野精吾は、その鎮ブロックを用いて、住宅を設計したのである。

　本野は、二〇世紀初頭にヨーロッパに端を発したモダニズム建築を、日本で最初期に手がけた建築家の一人であり、海外の建築家と交流をもち、国際的な近代建築との連動に努めていた人物だが、おそらく、その思想の実践の一つとして鎮ブロックを採用するに至った。L字型の組み合わせと内部の使い方次第で融通の利く合理性に惹かれたのだろう。しかも、そのブロックをむき出しにして、素材を強調するかたちで外観の表情もつくり出している。打ち放しコンクリートは今ではメジャーだが、当時としては珍しい。コンクリートをむき出しにした最初期の住宅の一つだ。本野にとって鎮ブロック、あるいはむき出しのコンクリートは、新しい建築文化を象徴する表現だったにちがいない。

ただ、こうした時代精神でつくられた旧鶴巻邸には、半円形の玄関ポーチや装飾的な照明など、シンプルな美を求めた当時の近代建築とはやや趣の異なる嗜好が、スパイスとして加わっている。それは染色家である建主の鶴巻鶴一の好みが加わった結果もあるだろうが、建築表現の過渡期に生きた本野自身のバランスの取り方でもあったのかもしれない。

継承の道をともに歩む

一九二九年に竣工した旧鶴巻邸は、鶴巻鶴一が亡くなる直前の四一年に、栗原伸の手に

→玄関ポーチ。この部分の柱は、コンクリートを剥き出しにし、表面をビシャン叩きで仕上げている。

→東側から見た外観。庭には、寺院の境内と連続する豊かな緑。壁は「鎮ブロック」。

旧鶴巻鶴一邸——→P.26（写真），P.199（図面）

渡った。栗原は、後に日本を代表する広告代理店だった萬年社の社長になる人物である。終戦直後に進駐軍に接収されて将校住宅になるが、五五年までには栗原家に返還され、子息の博典さんが数年前まで住み継いできた。博典さんが亡くなられてからは、弟の眞純さんが所有している。いつも住んでいるわけではないが、歴史ある住まいが壊されるのは惜しい。

この住宅を、どう未来に残していくのか。そのことと向き合っているのは、所有者の栗原さんだけではない。建築史家の笠原一人さんたちも想いを一《いつ》にしている。じつは最初の住まい手の鶴巻は京都高等工芸学校（現・京都工芸繊維大学）の二代目校長だった人物であり、その鶴巻の自宅を設計した本野も同校の教員だった。そして、笠原さんも現在の同校の教員である。建築史のなかで注目すべき住宅であるというだけでなく、そうした縁もあって笠原さんたちは、この住宅の継承に尽力している。

教材としての活用

昔の住宅のなかには、建築学的に注目すべきものがあり、そうした住宅は建築を学ぶうえでの参考になり、教材ともいえる。また長年の保存修復の歴史がある古代から近世の建築と比べて、近代建築の修復方法は、まだあまり時が経っていないため確立されているとはいえない。修復行為自体が記録されるべき学習の連続でもある。

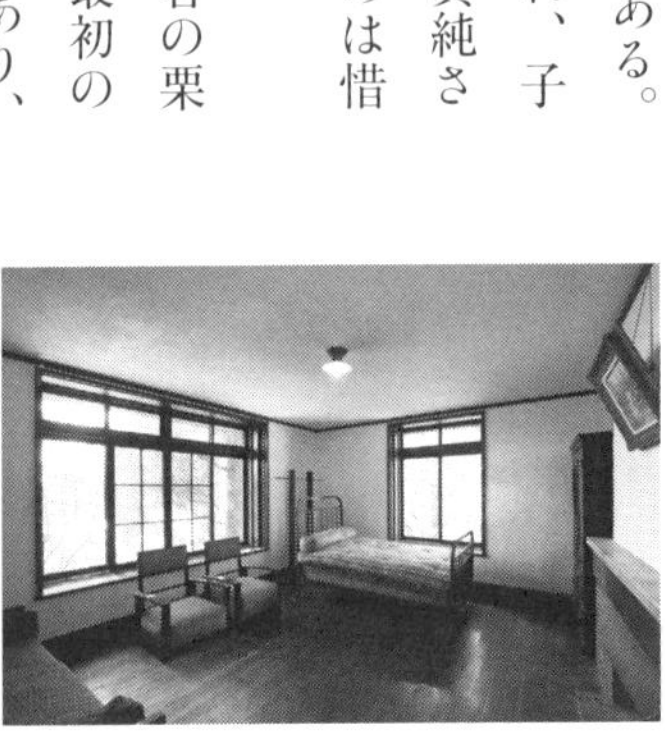

→二階の室4。壁は漆喰塗りで、授業で学生たちの手によって修復されたもの。

→本野がデザインした照明。アール・デコのような幾何学的な装飾が施されている。

笠原さんたちは、その点に注目し、修復行為を授業にできないかと考えた。実際、旧鶴巻邸は、築年数の関係もあり、内装の剥落や雨漏りが目立ち、未来への継承のためには修復が不可欠だった。そこで、京都工芸繊維大学では、大学院の授業として、プロが学生とともに修復をしていく授業を設けている。たとえば、著名な左官職人を講師に迎え、学生も一緒に、壁を塗っていくというものだ。表面は講師である左官のプロが仕上げるが、下地となる下塗りや中塗りを、学生が担っている。

この授業では、近代建築の改修・再生が検討時期に入っていることから、特にコンクリート造の建築の適切な改修のノウハウを蓄積する必要を説いている。そうした蓄積が社会的な意義をもちながら、一つの住宅が実践として改修されていく。

現在、旧鶴巻邸は売却中で、まだ住まい手が見つかっているわけではない。「この住宅を残したい」という栗原さんと笠原さんの想いは強い。この住宅のよさをアピールすべく、見学会も催している。継承の道を歩んでいる途上だが、その道程において、教材という新たな役割が与えられ、すでに旧鶴巻邸は、今に生きた住宅になっている。［二〇一七年七月］

→「鎮ブロック」の表面。このブロックがコンクリートの型枠にもなっている。

→大学院の授業にて、学生が左官の実習を行っている。（提供／笠原一人）

旧鶴巻鶴一邸 ——→ P.26（写真），P.199（図面）

八木邸

Yagi House——藤井厚二 Fuji Koji

1930

生家が、じつは名作

何気なく生まれ育った自分の家が、じつは貴重な名作住宅だったということもある。日常的で、とてもなじみ深いものが、ときにはさらっと一級品だったりする。八木重一《しげいち》さんが育った生家も建築史上に残るべき名作だった。

八木家は代々、綿糸・綿花・絹織物を扱う、いわゆる「糸へんの仕事」を家業としてきた名家だ。重一さんの父・八木市造さんは、もともとは京都嵐山に住んでいたが、大阪や神戸の店に通いやすいように大阪府寝屋川市の香里園《こうりえん》に住宅を構えた。重一さんの祖父・八木重兵衛さんと祖母・きみさんが、裏千家の茶会で親しくしていた建築家・藤井厚二に、「息子の家をつくってくれませんか」と設計を依頼したという。重一さんは、そうした祖父(重兵衛さん)の発案でつくられた、父(市造さん)の家にて生まれた。

藤井は「建築環境工学の先駆者」ともいわれ、自邸の聴竹居などを通して、日射や風通しなどの居住環境を実験し、地球の環境問題などが大きく取り沙汰されるよりはるか前か

→一階の食事室。藤井厚二デザインの肘掛け椅子に座る、住まい手の八木重一さん、圭子さん夫妻。天井、照明器具、ガラス窓の桟が幾何学模様で構成されている。

ら、先見的な視点をもって活動していた人物だが、その自邸での実験後、最初に客から依頼された実践が、「八木邸」だった。当時の図面にも「通風窓」と記され、風の流れを意識していたことが分かる。

重一さんは、北の窓から入ってくる涼風が家の中を抜けていき、夏でも涼しそうに過ごす父母のことを、今でも思い出すそうだ。

モダンデザインで彩られた日本家屋

藤井建築の見どころは居住環境だけではない。建築、家具、照明、そして食器や花器にいたるまで、人の生活を形づくるものを総括してデザインしている点にも注目したい。建築家が花器までつくることはほとんどないが、藤井は「建物の内容に調和するもの」を住宅に置くために、「藤焼」と自ら命名した陶器の作品も手がけた。その藤焼を建主にプレゼントしていたらしく、八木邸にも何点か残されている。

建築は従来の日本家屋風に見えるが、家具や照明、建具などの一部は、モダンデザインになっている。大正から昭和初期にかけて、欧米で流行したモダンデザインが日本にも広がりはじめていたが、もともとの日本の住文化とは簡単には調和できるものではなく、この頃の課題の一つは、日本的なものと調和するモダンデザインや和洋折衷の実現であった。八木邸も、ソファの脇に設けられた床の間や、幾何学的な模様の天井、窓の桟、階段の手

→食事室の棚。地袋が斜め。引き出しは、内容に合わせて高さが異なる。棚上に藤焼が置かれている。

→白で統一された、広い調理室。食事室とはハッチでつながっている。

八木邸——→P.28（写真），P.200（図面）

摺りなど、洋風やモダンデザインが日本家屋のなかにちりばめられている。

また藤井は、先端技術にも関心を示し、八木邸は昭和初期の竣工にもかかわらず、各所がすでに電化されていた（「電気の家」といわれ、早い時期に住宅に電力を導入した電気工学者・山本忠興の自邸が一九二二年竣工なので、八木邸も初期の事例）。雑然としがちな天井裏の電気配線が、九〇年近くを経ても、きれいに整理されたままだったという。「其《そ》の国を代表するものは住宅建築である」と藤井が述べる通り、デザインも技術も、多面的に当時の日本の先端が追求されていた。

継承倶楽部とのお付き合い

一九八三年、重一さん、圭子さん夫妻は、隣に新しい住宅（武藤章設計）を建て、今は主にそちらで暮らしている。八木邸は再開発が進む地域に近接して建っているため、土地売買の問い合わせがくるという。しかし夫妻には、祖父との縁でつくられ、父から引き継いだこの名作住宅を壊したくないとの決意がある。現在、夫妻とともに八木邸を後世に残したいという想いをもった人々が集った「八木邸倶楽部」が、維持管理と保存活動に日々取り組んでいる。

藤井厚二研究を続ける松隈章さん（竹中工務店）が飛行機の隣席で重一さんと偶然出会い、松隈さんが八木邸の存在を知ったことが、「八木邸倶楽部」発足のきっかけだという。八

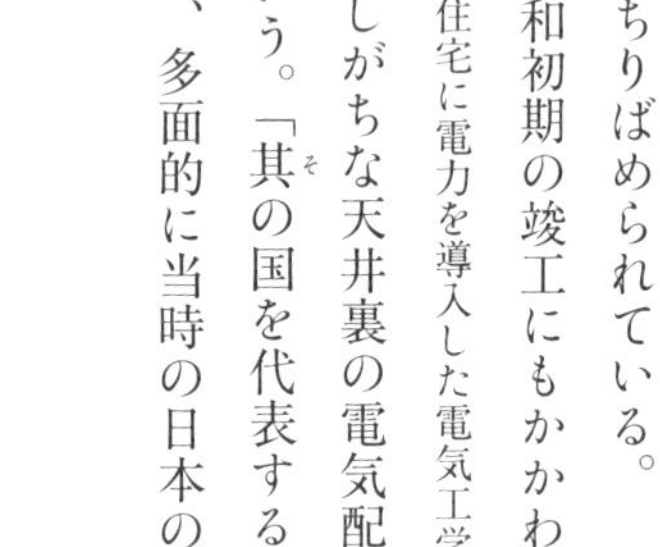

→一階応接間。椅子座に合わせて、床の間が高く設置されている。床脇には、造り付けのソファ。

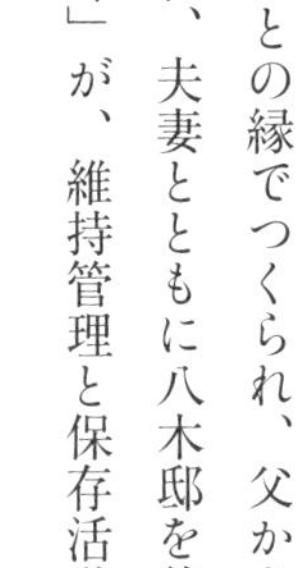

→一階広間より階段を見る。踊り場に設けられた窓を開けると、北側からの風が各室へと通り抜ける。

木邸は、八木家にとっては藤井建築である前に、日常生活の器でもある。「灯台もと暗し」ともいうように、自分の所有物の価値は、自分だけではなかなかとらえきれないのではないか。他者の目が入ったことで、八木邸の価値の再確認につながったにちがいない。

藤井建築は、自邸・聴竹居においても聴竹居倶楽部、藤井の兄の別荘といわれる後山山荘でも後山山荘倶楽部が活動している。所有者とともに価値を発見し、共有できる継承活動のパートナーがいるのは、心強い。まだ具体的には決まっていないが、「この家は残していかなければならない」と重一さんは述べる。

利休や織部などの数寄者が、茶道具のみならず、美術品や建築などにも好みを見出し、さらに今焼茶碗などの先端の創造に力を注いでいたことを思い起こせば、意匠や技術、家具や花器までも縦横自在に操る藤井もまるで数寄者のようだ。茶道の経験は、茶の湯の修練ということだけでなく、建築家としての姿勢も育んだのではないか。

自身の美の貫徹は後世にも伝わる。むろん実用が重んじられる住宅だが、ほのかに数寄の魂が宿りつづけているように感じる。その数寄を解する人は、きっと現れるだろう。茶道具の名物が、人から人へ譲り渡されていくように。［二〇一六年六月］

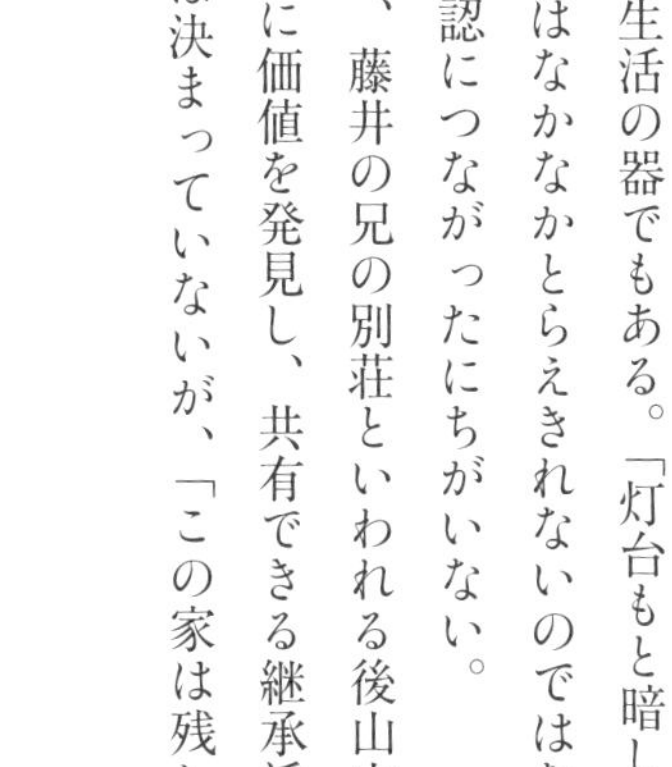
→風を室内に採り入れる「通風窓」。

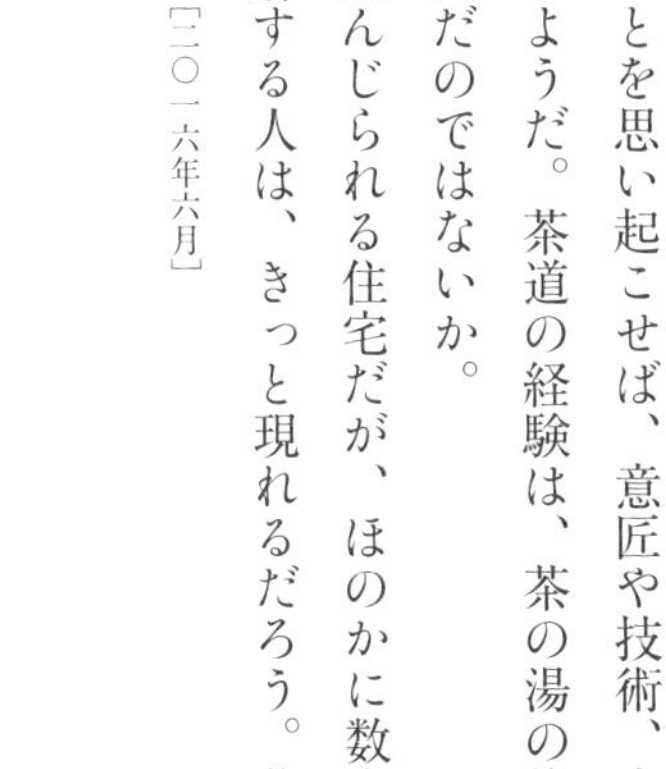
→北側外観。大きな樫の木は、建設前から立っていた古木。

八木邸——→P.28（写真），P.200（図面）

トレッドソン別邸——アントニン・レーモンド

Troedsson Villa——Antonin Raymond

1931

景勝のただ中に、身を置く

東照宮で有名な日光は、昔から、訪日外国人の別荘地として人気があった。日本の気候は温帯に属すところが多く、明治期に西洋化や近代化を支えた訪日外国人は夏の暑さに困り、避暑地を求めて日光にやってきている。そして、男体山の自然や、江戸の文化が育んできた景勝は、紀行作家イザベラ・バードなど、数々の外国人の心をつかんだ。中禅寺湖のまわりには各国の駐日大使の別荘が建てられていったこともあり、「夏は外務省が日光に移る」とまでいわれたという。そうした歴史をもつ日光の一角、しかも日光山中の輪王寺境内に一九三一年から長きにわたり住み継がれてきた「トレッドソン別邸」がある。

設計を手がけたのも外国人で、チェコ出身のアントニン・レーモンドである。一九一九年にフランク・ロイド・ライトとともに、帝国ホテル建設のために来日し、ライトの帰国後も日本に残り設計事務所を開いたが、おそらく言葉や生活習慣など、意思疎通がスムーズだったこともあり、レーモンドは日本在住の外国人の住宅や別荘をいくつも手がけてい

→リビング。暖炉の前で話をしているのは、所有者のイーストマン夫妻。

る。トレッドソン別邸も、その一つだ。

もともと輪王寺の僧たちの居宅があったという敷地には、古くからの石垣や杉の木立、一面に生えた苔が、日光の古層を感じさせ、ヒメシャガやシャクナゲなどの花々が四季折々の風情を彩っている。この庭に寄り添うように、緩い勾配の控えめな屋根と、自然になじむ板張りの外壁で建てられた住宅は、落ち着いた佇まいだ。軒先が跳ね上がっているのは、屋根の影に邪魔されずに、窓からの景色を存分に味わうためだろうか。

暖炉を中心に据えた石貼りの壁面が際立つ重厚な雰囲気のリビングは、四周をぐるりと窓が囲む構成になっている。どちらを見ても、庭が視界に飛び込む。日々の喧噪から離れ、何を求めて都心から別荘に来るのか。この景勝のただ中に、身を置くためにちがいない。

なお、レーモンドの事務所において、この住宅を担当したのは若き日の吉村順三（「旧園田高弘邸」参照、一四〇ページ）だったといわれている。吉村は一九〇八年生まれだから、まだ二〇代前半の頃だ。

冬も、むねとすべし

この別荘は、初代のトレッドソンさんから、ベンソンさん、フォーサイスさん、グルーバーさん、そしてイーストマンさんと、いずれも外国の方々によって継承されてきた。イーストマン夫妻は、今はアメリカに在住していて、普段はトレッドソン別邸に住まわれてい

→杉木立や苔などの深い緑のなかで、水平に伸びる屋根が、控えめに自然と溶け込んで見える。

→屋根は、軒先に向かって勾配が緩やかになっている。

ないが、不在時は芸術家の娘さんが、アーティスト・イン・レジデンスとして活用している。イギリスのターナー賞受賞者など、世界で活躍する芸術家が滞在しているらしい。この景勝の中だと、創作意欲も湧いてくるだろう。土地が醸し出す自然と文化の古層を、目いっぱい享受できる住宅にて、新しい芸術が生み出されている。

このようにトレッドソン別邸が住み継がれていくなかで、一つ課題があった。それは寒さをどう凌ぐか。避暑地の別荘としてつくられているため、トレッドソン別邸はいわば「夏の家」なのだ。日光の寒い冬を越せるようにはできていない。現在の所有者であるアメリカ出身の弁護士リチャード・A・イーストマンさん、そして夫人の真理子さんは、「朝から晩まで働き詰めで、金曜日の夜になるのが楽しみだった。週末、家族みんなで車に乗ってここに来ると、ホッとする二日間が過ごせた」と東京で勤めていたときのことを振り返る。訪れたいのは夏だけではない、冬にも訪れたいのだ。

「夏の家」から「通年の家」へ

そうした代々の住まい手の想いが重なり、今では「通年の家」に生まれ変わっている。まずベンソンさんが、ラジエーターを設置。そしてグルーバーさんが、そのラジエーターを住宅の雰囲気となじむように家具に埋め込んだり、一度外壁をはがして断熱を施すなどの大改修を行った。冬の冷たい隙間風を防ぐために、グルーバーさんが手づくりした窓の

→大きな庭に面するリビングの南側。窓の外には杉木立や苔などの緑が広がっている。

→寝室。どの部屋からも庭が見える。

縁の隙間を埋める道具も残っている。イーストマンさんは、窓を二重にし、さらにキッチンや浴室も改修した。雰囲気を大切にしながら快適になるように、という共通の想いで改修を続けてきたので、改修箇所はいずれもなじみ、どこを改修したのか分からなくなっているくらいだ。

戦前の住宅は断熱が施されていないから、まず寒い。性能面でバージョンアップしながら住み継がれてきたことは、次の住まい手が昔の住宅で暮らすハードルを下げ、継承を推進させてきたにちがいない。

トレッドソン別邸は、「通年の家」に生まれ変わったことで、夏には夏の、冬には冬の風情が味わえる家になった。この場所で通年を過ごすことで、真理子さんが東照宮や千人武者行列（春季、秋季開催）を英語で案内するなど、日光とのつながりがより強まったという。吉田兼好は『徒然草』にて、「家の作りやうは、夏をむねとすべし」としたが、ここでは「冬も、むねとすべし」だったのだ。［二〇一六年八月］

→前住人のグルーバーさんが手づくりした隙間風を防ぐ道具。イーストマン夫妻も受け継いで使っている。

→外壁の断熱改修の様子。（提供／イーストマン夫妻）

 トレッドソン別邸——→P.30（写真），P.200（図面）

佐々木邸——同潤会

Sasaki House——Dojunkai

1934

祖父母の記憶がよみがえる

住宅には、そこで過ごした日々の記憶をよみがえらせる力がある。同じ環境に身を置くと、昔のことも、ときにはありありと思い出される。子どもの頃、祖父母の家で暮らしていた奥村園子さんと能登路雅子さんの姉妹が、長い時を経てもなおその家を再訪して感じるのは、祖父の剛健な気風とそれを支える祖母の存在だ。戦前から続いていた、家長を中心とした家族の暮らしが思い出されるという。

家長は、作物学者の佐々木喬《たかし》。東京帝国大学農学部教授だった佐々木は、一九三五年に農学部が駒場から本郷キャンパスへ移転する際に新しい住まいを求め、東京・江古田につくられていた同潤会の分譲住宅を選んだ。関東大震災後の復興のために住宅供給を行っていた同潤会は、耐震性と耐火性の向上を目指していたことから、まだ珍しかった鉄筋コンクリート造の集合住宅を都心部につくったことで、よく知られているだろう。またガスや水道などの当時としては新しい設備も積極的に導入し、人気が高かったという。その同潤

→家長の部屋だった八畳の客間から、広縁越しに庭を見る。広縁に腰掛けているのは、管理を担う奥村園子さん（左）と能登路雅子さん（右）の姉妹。

会がつくった住宅だが、郊外の木造住宅である。
当初、「佐々木邸」には喬夫妻と子ども五名、そして使用人二名で入居した。そしてさらに、実家から母と叔母を呼ぶことになり、合計一一名が住むことになったことから、すぐに離れが増築されている。それから家族構成は折々で変化しながらも、常に大人数で暮らしてきた住まいである。次女の娘、つまり佐々木喬の孫にあたる奥村さんと能登路さんは、子どもの頃の六年の間、この住宅で暮らした。

この住宅の特徴の一つは、各部屋のヒエラルキーがはっきりしているところだろう。客を迎える応接室として使われた洋間、そして床の間や違い棚などを備えた客間は家長の部屋として使われ、ほかの家族が暮らす部屋とは異なる、明らかに格の高いつくりになっている。訪問客には南原繁（政治学者。東京帝国大学総長などを歴任）といった高名な学者も多く、「お客さまや祖父のテリトリーに、簡単には入ってはいけなかった」と姉妹は回想する。日常生活は増築部の離れであり、家族が集まるときは茶の間。玄関も使ってはならず、姉妹は庭から家に出入りしていたというから、同潤会が新しい生活像を提案していたなかでも、まだ家父長制の名残が色濃い生活だったようだ。

創建当時の状況に復原する

その佐々木邸は、一九六九年に佐々木喬が亡くなった後、長男が相続したものの、ここ

➡南側の庭から見た外観。母屋の屋根瓦は二〇一一年に葺き替えられている。

➡縁側。手前が広縁。庭の奥に見えるのは、奥村さんと能登路さんが暮らしていた増築部分。

佐々木邸——→P.33（写真），P.201（図面）

数年は空き家になっていたという。そこで、まだ近隣に住んでいた奥村さんと能登路さんの姉妹が、この住宅の管理を担うことになった。

この住宅が同潤会によるものだということをもちろん知っていても、自分たちが暮らしていた家の社会的な価値を客観視するのは、なかなか難しい。しかし、能登路さんの知り合いの専門家（建築史家・内田青藏氏、デザイン史家・柏木博氏など）に視察してもらったことが、その価値を再認識するきっかけになった。同潤会や住宅の歴史を知るうえで、創建当時の様子をよくとどめている貴重な例として評価され、外からの意見が客観視を育んだのだ。

それ以降、姉妹はこの住宅をよいかたちで残していく方法を考え、実践している。たとえば、台所、風呂などを昔の状態に復原。アルミサッシだった建具も、木製に。さらに、この同潤会江古田分譲住宅の成り立ちや変遷を、資料の読解やヒアリングによって、次々と紡いでいった。周辺の江古田分譲住宅は、すでに建て替えられて、ほとんど残ってはいない。ただ、代々暮らしている住人もまだおり、当時の状況を聞き取ることができたという。復原にも、そのヒアリングの成果が役立った。記憶によって、過去がよみがえったのである。

コミュニティを生み出す起点に

都市には、たくさんの住宅が密集して建っている。そのため、近隣住人とのコミュニティ

→玄関脇にある応接室として使われた洋間。東京帝国大学教授だった当主・佐々木喬を訪問する客は多かった。

→台所から茶の間（六畳）を見る。中廊下の突き当たりに位置し、家族が食事をするスペースだった。

が育まれることも多く、住宅を継承するということは、ときにはそのコミュニティとの関わりも考えなくてはならないだろう。

　同潤会による江古田の分譲住宅はもともと三〇棟あり、住人同士の交流が盛んだったという。婦人会や子ども会など、家族のそれぞれが交流をもっていた。子どもたちは、一緒にラジオ体操をしたり、写生会に参加したりしていたのだ。そのコミュニティが、佐々木邸の復原やイベントを支えることになった。たとえばすでに失われていた五右衛門風呂の灰の掻き出し口の場所がわからなかったが、近所の人々の記憶を頼りに発見されるということもあった。また、この家があるために隣人たちが集まる行事も増え、代を重ねるなかで薄れてきていた町内のコミュニティが復活するきっかけにもなっている。近隣住人とのつきあいが少なくなってきている現代社会において、この住宅の役割は大きい。

　姉妹は、この住宅をさらに未来に残したいと考えている。そのために、佐々木邸を生かした講座やイベントも実施し、ひと昔前の日本の暮らしがわかる家として、子どもや学生、外国人に人気があるという。記憶が、過去を紡ぐだけでなく、未来をかたちづくることにつながるように。［二〇一七年四月］

→隣人の記憶やスケッチを頼りに復原された五右衛門風呂。手前にある板は水はねを防ぐためのもの。

→復原された台所。販売時の同潤会のパンフレットには、「御臺所の完備は本會の特長の一つ」とある。

佐々木邸──→P.33（写真），P.201（図面）

土浦亀城邸——土浦亀城

Tsuchiura Kameki House——Tsuchiura Kameki

1935

まるで別世界のような、白い家

「常さん、三十八年の永い間、有難ふ」——かつて齢九五歳の老建築家・土浦亀城が、住み込みで生活全般の手助けをしていた中村常子さんに贈った言葉である。中村さんは、一九五五年に品川・上大崎の土浦家に来てから、子どものいない土浦夫妻が九六年（亀城）、九八年（妻・信子）に亡くなるまで、ずっとおふたりに付き添ってきた。夫妻にとっては、娘のような存在。その中村さんは、夫妻が亡くなった後も、「先生と信子さんが住んでいらした頃と何も変わらないように」と、夫妻の家を住み継ぎ、ずっと守ってきた。その「土浦亀城邸」は、日本の近代建築の記念碑的な存在ともいわれる、名作住宅である。

二〇世紀初頭、ヨーロッパやアメリカを中心に、鉄とガラス、そしてコンクリートなどの材料を用いた建築、たとえば大きなガラス窓のある白い箱のようなモダニズム建築が根づきはじめた。今ではすっかり根づき、むしろ珍しく感じないかもしれないが、当時としては新しい材料や技術に期待を込めた前衛的な動きだった。それまでの建築とは異なる、

→吹き抜けが特徴の居間。大きなガラス窓から光がふんだんに入る。壁に画家としても活躍していた土浦信子（土浦亀城夫人）の絵画が飾られている。二階のギャラリーにたたずむのは、継承者の中村常子さん。

装飾の少ない一見シンプルな建築に対する美学が根底にあり、そうした建築は大量生産などの工業化とも相まって、新しい時代を感じさせたことだろう。時を経て、脱工業化社会といわれてかなり久しい、現代からの見え方とは違う。

その影響を受けて、日本にもすぐに新しい潮流が生まれた。その担い手の一人が、土浦亀城だ。単に海外の受け売りではなく、当時の日本の材料や職人などの状況を鑑み、木造によって近代建築を実践した。土浦邸は、まさにインターナショナル・スタイルのモダニズム建築といった外観だが、それ以外にも、通例に従い左官職人が土壁を塗るのではなく、木の骨組みにパネルを張って壁とする効率的な工法を考え、技術面からも画期的な発明をした。そのことによって、歴史を証言する貴重な住宅として、建築史に刻まれている。

中村さんがこの住宅に来たとき、周囲はまだ瓦葺きの屋敷が建ち並んでいて、この白い家はまるで別世界のもののようだったという。

→庭から土浦邸を見る。竣工当時のまま、大きなガラス窓と白い箱のような外観が特徴。

残された遺言書

この家での生活が始まり、中村さんがまず驚いたのは、食事の際に土浦夫妻がナイフやフォークを使っていたことだという。そういう時代だ。また、音楽をかけてダンスをすることもあった。夫妻はいわゆる当時のモダン・ボーイ、モダン・ガール（モボとモガ）であり、若い頃からヨーロッパの文化に親しんでいた。つまり、住宅の形だけではなく、暮らし全

土浦亀城邸——→P.35（写真）、P.201（図面）

体が洋風であり、モダンだったのだ。五〇年代以降に流行していったゴルフにも熱心で、建築家仲間の前川國男（近所に在住）などとのゴルフ帰りに、この住宅に集まり打ち解けて話をすることもあったらしい。中村さんも、そうした時を四〇年ほど夫妻と一緒に過ごしていった。

夫妻にとって、長らく生活をともにした中村さんは、もはや家族同然だ。歴史的な建築物として土浦邸の移築保存が提案されていたとき、土浦亀城は夫人だけでなく、移築した後に中村さんが暮らすための住宅の設計案も描いていたという。また、中村さんが故郷に戻ろうと思い、「後任にはいくらでもいい人がいますから」と言ったとき、「常さんみたいな人はいないよ」と夫妻。中村さんは胸がいっぱいになり、留まる決意をした。

その後、夫妻が晩年に相次いで入院すると、それぞれの病院に通う日々だった。看護師が言うには、夫妻は病床にあって「一日千秋の想い」で中村さんのことを待っていたという。おふたりが亡くなってから、遺言書があったことを中村さんは知る。土浦邸は中村さんが継承することになった。

先生の家を愛す

所有者の没後、名作住宅の継承を円滑に進めるためには、ときには生前の所有者の遺言書が必要である。特に、住宅を大切にして住み継いでくれる人や、あるいは継承のことを

→二階のギャラリーから居間を見下ろす。壁はパネルを張った工法でできている。

→玄関、居間、ギャラリー、寝室と少しずつ高さの異なる床が、階段と吹き抜けにより垂直方向に流動的に連続している。

考えてくれる人に託したいという場合には、その意思を示した遺言書が力をもつことも。

土浦邸の場合、この住宅を引き継いだ中村常子さんは、土浦夫妻の血縁者ではない。そのため、中村さんにしっかりと相続されるように、亡くなる一〇年ほど前から、夫妻は信託銀行に遺言書を預けていた。中村さんは、夫妻が亡くなってからそのことを知ったそうだが、長年お世話になった中村常子さんに相続する、という旨が書かれていた。

土浦亀城は入院中、中村さんが見舞いに訪れるのが待ち遠しく、ドアの前に立って待っていたという。それを聞いて中村さんは、胸が張り裂けそうな想いがしたと語る。また信子夫人の病床の脇には、絵を描くための帳面が置かれていたが、そこには「常さん、ありがとう、ありがとう」と書かれていた。

土浦邸を継承してから、二〇年ほど経つ。中村さんは、この住宅の先行きを心配している。「先生の家を、粗末には扱えないでしょ」。［二〇一七年二月］

→二階寝室。左に吹き抜け、奥に書斎。

→九五歳の土浦亀城が中村常子さんに、感謝の言葉を綴って贈った色紙。

旧山川秀峰邸——吉田五十八

Yamakawa Shuho House——Yoshida Isoya

1943

「野趣」は、「野」となじむ

古きよき昔ながらの住宅。そう感じる人が多いことだろう。建築家がつくった住宅には見えないのではないか。

石を敷き詰めた延段《のべだん》から玄関に至り、土間で靴を脱ぐ。外からの光が土壁にほんのりとつややかな表情を与え、茶室のにじり口のような障子窓が田舎風の土間に洒落た風情を加えている。板敷きの廊下を通り一〇畳の居間に入って上を向くと、天井が張られておらず、まるで昔の民家のように、太くて荒々しく曲がった小屋梁が露出。一部は二階の床を支える梁や根太の上に竹が敷かれ、同じく民家でよく見られる簀の子天井に。

延段、土間、にじり口、小屋梁、簀の子天井……。どれも昔ながらの日本建築で用いられてきたものだ。ただ本来、同じ日本建築でも、茶室と民家は違う。草庵茶室は、自然となじむ竹や土壁などを用いて、いわば野趣(田舎風)を好んだ知識人たちによってつくられたものだが、民家はむろん野趣というより、土着の野(田舎)、そのものである。ただ、野

→アプローチ。かつては、竹林に覆われていたという。玄関先に立っているのは現住人の添田登さん。

趣と野の相性は、やはりいい。出どころは違えども、風情は同じ。民家の野と、ちょっと洒落た茶室の野趣が、ここでは融合している。

　この住宅で見られないのは、今風にいえば洗練された都会趣味か。床の間や違い棚などの座敷飾りを備えた書院造、そしてその書院造に茶室のような好みを加えた数寄屋風書院。この二つも、古くからある伝統的な日本建築だが、ここでは見られない。野趣とは喧嘩する都会の洗練を嫌ったのだろうか。

　この住宅を設計した吉田五十八は、むしろ数寄屋を得意とした建築家である。部材を見えないようにしたり、天井を平滑にしたりすることによって、西洋建築やモダニズムと数寄屋を共存させた。それは「新興数寄屋」といわれ、今でも浸透している。その吉田が新興数寄屋らしい表現を使っていないのだから、おそらく意図的なことだろう。もしかしたら数寄屋同様に、民家の魅力も、現代に生き返らせようとしたのだろうか。かつて野趣が野の力を借りたように、野に野趣の力を加えようとしたのかもしれない。

ときには、偶然の継承も

「旧山川秀峰邸」。美人画で知られる日本画家の名前を冠してはいるが、山川秀峰は一九四四年に脳溢血で逝去している。戦中の疎開先として、この家を二宮（神奈川県）につくったのが四三年。ほとんど暮らしていない（なお、山川の転居前に吉田自身が半年ほど暮らしていた）。

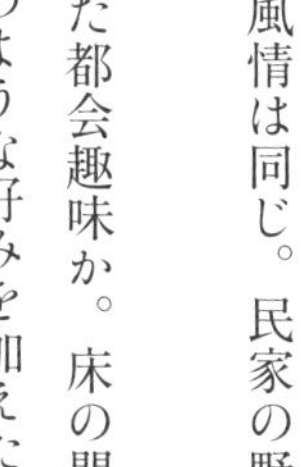

→玄関土間。床が張られている部分も含め、もともとは、もっと広い土間だった。

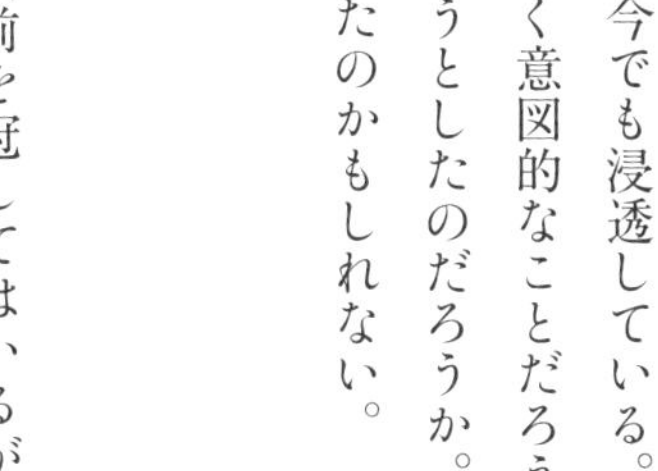

→一〇畳の居間。天井は張られておらず、小屋梁が現しになっている。一部は、簀の子天井。

旧山川秀峰邸 ──→ P.38（写真）, P.202（図面）

継承したのは、息子の山川方夫《まさお》。『三田文学』の編集をしていたことでも知られる小説家である。父が亡くなったとき、まだ一〇代前半だったが、その後も暮らしつづけたという。しかし六五年、不幸なことに、交通事故で逝去。三四歳の若さだった。

その後しばらく、この住宅に主はいなかった。そんな折、いわば偶然、この住宅を継承することになったのが、元中学校教諭の添田登さん。添田さんはもともと二宮に住んでいたが、六九年に二宮インターチェンジが完成するにあたって、行政に斡旋された代替地が、旧山川邸だった。

当時、玄関までのアプローチは竹林だったという。そこから玄関を開けると土間が広がり、象徴的な大黒柱が立っていた。そして居間の障子を開けると、そこからは庭越しに海がよく見えたという。添田さんはすぐに気に入り、住み替えを決めた。吉田は、門から玄関を入って、部屋にたどりつくまでのシーンを重要視していた建築家でもある。竹林のトンネルを抜けた先に、薄暗い土間が広がり、ちょっと洒落たにじり口風の窓と、玄関からわずかに入り込むほのかな光がもたらす光景。そして居間に入ると一気に明るくなり、庭の緑と海が視界いっぱいに飛び込んでくる。今は庭や眺望は変わっているが、当時の美しさは、想像に難くない。

添田さんは、吉田五十八、山川秀峰、山川方夫のいずれとも知り合いだったわけではなく、行政から空き家として紹介されたことが継承のきっかけだった。住宅との出合いのきっかけは、偶然だったのだ。

→六畳の食堂。居間とは隣り合っていて、襖を開けると次の間のように一続きの部屋になる。

→居間に直接入る裏口。土庇や縁側が取り付けられている。外まわりの建具が、なぜか障子。

次第に、新しい住まい手になじむ

偶然住み継ぐことになったとしても、この住宅が、添田さんとその家族にとって住みやすかったことが幸いした。まず風の流れがよいという。「夏はエアコンいらず」と添田さん。そしてもう一つは一〇畳の居間が、添田家が集まるのにちょうどよい広さだった。親戚一同が集まると、それなりの人数が揃う。最大で二八人。もともとの山川の暮らし方はわからないが、一〇畳と六畳の二室があるからこそ、集まれる人数だろう。今は亡き奥さまも、たくさんの仲間を家に招いていたという。もともとは他人のために設計された家でも、よい家は、時を経れば新しい住人にも次第になじんでいくものなのかもしれない。

添田さんはこの家に五〇年ほども暮らしている。父母とも、兄弟とも、子どもたちとも、孫とも、そして奥さまとも、この家で過ごしてきた。俳句をたしなむ添田さんが、この家で詠んだ句は数知れない。「何処からか 風が気儘な 夏座敷」。夏になると家の建具のほとんどを、よしず戸に入れ替えるという。海からの風だろうか、縁側を通り、梁のあいだをすり抜けて、土間に流れる涼風が心地よい。［二〇一八年四月］

→居間から入り側縁越しに庭を見る。庭には、添田さんが勤めていた箱根の中学校の周辺に生えていたヒメシャラやヤマボウシの木々が植えられている。かつては、この庭の向こうに海が見えた。

旧山川秀峰邸——→P.38（写真），P.202（図面）

参考文献

内田青藏『日本の近代住宅』鹿島出版会、一九九二年。

内田青藏、大川三雄、藤谷陽悦『【新版】図説・近代日本住宅史』鹿島出版会、二〇〇八年。

藤森照信『昭和住宅物語』新建築社、一九九〇年。

藤森照信『藤森照信の原・現代住宅再見』TOTO出版、二〇〇二年。

ウィリアム・メレル・ヴォーリズ『吾家の設計』創元社、二〇一七年（復刻版。原著は一九二三年）。

『建築にみるヴォーリズと近江八幡』三版、近江八幡観光物産協会、二〇〇八年。

山形政昭『ヴィリアム・メレル・ヴォーリズの建築 ミッション建築の精華』創元社、二〇一八年。

佐野由佳「初めて見るのに懐かしいヴォーリズ建築に会いに行く」『芸術新潮』二〇〇九年六月号、新潮社。

山形政昭「独自に生きた様式建築家」『INAX REPORT』一八九号、INAX、二〇一二年。

明石信道『フランク・ロイド・ライトの帝国ホテル』建築資料研究社、二〇〇四年（普及版。原著は一九七二年）。

「加地邸」『住宅建築』一九八一年一〇月号、建築資料研究社。

加地邸保存の会『加地邸をひらく 継承をめざして』一般社団法人住宅遺産トラスト、二〇一四年。

川島智生「本野精吾の鶴巻邸について」『日本建築学会大会学術講演梗概集』二〇〇〇年。

笠原一人「モダニズムへの振幅」『INAX REPORT』一七一号、INAX、二〇〇七年。

「栗原邸」『住宅建築』二〇一七年二月号、建築資料研究社（栗原邸は、旧鶴巻鶴一邸のこと）。

松隈章『聴竹居 藤井厚二の木造モダニズム建築』平凡社、二〇一五年。

「八木重兵衛邸（特別記事 ふたつの八木邸）」『住宅建築』二〇一六年一〇月号、建築資料研究社。

藤森照信「八木邸 和でも洋でもなく幾何学（現代住宅併走 39）」『TOTO通信』二〇一八年新春号、TOTO。

『JA 三三 アントニン・レーモンド』一九九九年春号、新建築社。

「トレッドソン別邸」『住宅建築』二〇〇九年一一月号、建築資料研究社。

「土浦亀城邸（特別記事 住宅の保存を考える 住み継がれるモダニズム建築）」『住宅建築』二〇一三年二月号、建築資料研究社。

藤森照信「土浦亀城邸 垂直方向の連続性（現代住宅併走 41）」『TOTO通信』二〇一八年夏号、TOTO。

吉田五十八『饒舌抄』新建築社、一九八〇年。

藤森照信「旧山川秀峰邸 民家と茶室のコラボ（現代住宅併走 28）」『TOTO通信』二〇一五年新春号、TOTO。

二、

制限と清貧の協奏は、時を超えて響く

――1950～60年代

制限が厳しいからこそ、原型になる

一九四五年の終戦を経て、日本は再出発することになった。空襲によって各地の都市が焦土と化し、多くの家屋が焼失、さらに戦時中に住宅建設が停滞していたことなどもあり、戦後の住宅不足は約四二〇万戸（戦災復興院による推計）に達していた。そのため、戦後日本においては、まずこの深刻な住宅不足を解消することが急務だった。

政府は応急簡易住宅を建設し、既存の社寺や学校などの住宅転用を図り、さらには資材や労働力にも限界があるので、急を要しない建築を規制した。四七年には「臨時建築等制限規則」によって、一二坪（約四〇平方メートル）以上の住宅の新築や増改築が禁止され、後に一五坪（約五〇平方メートル）に緩和されるが、五〇年まで規制は続く。本書掲載の「軽井沢A型住宅」（一二四ページ）は、この頃にできた。元は矩形の最小限の間取りであり、資材の統制下で金物や設備部品などを探しながら工事が進められたという。同時に、住宅不足を補う大量生産を目指して、工業化と規格化の試行と研究も進められていた。実作としては前川國男の「プレモス」（四六〜五一年に約一〇〇〇棟が建設）などが知られている。

五〇年に規制が解除された後も、しばらくの間、多くの建築家たちは、安く、そして少ない資材でつくることができる小住宅に関心を寄せた。「立体最小限住居の試み」、「最小限住居の試作」、「試作小住宅」（顧空庵のこと。一二八ページ）などといったタイトルで住宅が発表されている。

安く、小さくつくるというと、厳しい制限が課せられているようではあるが、住まいの在り方を抜本的に見直す機会でもあった。小さく納めるためには、慣習にとらわれずに合理的な配置を考えていかなければならず、戦前に住宅改良会が議論していたような、家事の効率化なども推し進められていった。ちょうど再出発のシーズンでもある。従来はあまり見られなかった間取りが考えられ、「コアのあるH氏のすまい」（一三二ページ）では、水まわりをコアにまとめることで、居間、食堂、台所、家事コーナーなどの一体化が図られている。また、部屋でほぼ区切らない一室空間の住宅も出てくる。たとえば清家清が「森博士の家」や「私の家」（一三六ページ）などで実践したもので、日本古代の寝殿造のように、舗設《しつらい》（「几帳」「屛風」「置畳」などの調度）を自由に置き換えて生活していくことを提案している。日本趣味というよりは、一種の合理性であり、欧米の住文化を取り入れていくばかりではない、伝統の再解釈も行われた。

制限があるということは、通常よりも選択肢が少ないということでもあるだろう。そのため、流行や慣習といったものが削ぎ落とされ、いわば住まいの原型に近づいていくのではないか。五〇年代の住宅は、社会的な課題と正面から向き合った姿勢と、貧しくも潔い原型の追求から生まれ、多種多様な住宅が溢れかえった現状に見慣れた眼で見ると、今なお見習うべく、襟を正したくなるものばかりだ。

こうした原型の多くは、何十年も立ちつづけるなかで増改築がなされていった。約六〇平方メートルから一三八平方メートルに増改築された「私たちの家」（一四四ページ）は、その象徴だ。変化の余地は、継承のためにも効果的だろう。原型という太い幹があることで、枝葉も自在に生い茂っていく。

軽井沢A型住宅
House in Karuizawa——Sakakura Junzo
——坂倉準三

1950

戦中の技術を、戦後に応用

住宅が「詠み人知らず」なのは、珍しいことではない。とくに人から人へ継承されてきた住宅は、設計者の名前が伝わっていないこともある。それは必ずしも悪いことではなく、高名な建築家が設計したというお墨付き、いわば「ブランド名」がなくとも、住宅がその実質によって生き残ったことの裏づけともいえる。「軽井沢A型住宅」と名づけられている別荘は坂倉準三が設計したものだが、建築家の作品として特別扱いされてきたわけではないようだ。

名前が示すとおり、この住宅の一番の特徴は棟を支えるA字形の柱（棟持ち柱）である。伊勢神宮正殿などで用いられる、あの棟持ち柱だ。住宅に用いられるものではないが、この大きな柱と棟木で骨格をつくることによって、一般的な住宅のように細かく柱を立てることなく、室内に柱のない大きな空間を生み出すことができている。これは坂倉の師にあたるル・コルビュジエ、ジャン・プルーベ、シャルロット・ペリアンによる先行例を参考

→A字形の棟持ち柱が特徴の外観。玄関前に立つのは、現所有者のIさん。

にしながら、戦中の兵舎や工場などを効率的に建造するために開発した、組立て建築の技術を応用したものだ。A字形の柱とともに、システム化された床・壁・屋根のパネルで構成されるプレファブ工法が画期的だった。

戦中は軍あるいは関連の施設に用いられていたが、戦後になってから、この技術は戦災復興にも応用され、関西を中心に「復興建築」の技術として普及していくことがめざされた。一九五〇年、軽井沢A型住宅もその一つとして東京・四谷につくられたのだ（後に移築）。当初の住まい手は、日本住宅公団初代総裁、千葉県知事などを歴任した加納久朗《ひさあきら》である。

戦中の組立て建築は、その機能上、いわば効率重視の建築だったが、この住宅では内装や造作が家具のようにつくり込まれ、オーダーメイドの質感もある。とくに曲線が際立つ階段まわりのデザインがおもしろい。

戦中の組立て建築を応用しながらも、平和な時代の生活を包む意匠として、意識的に柔和な印象を与えようとしたのではないか。

森の中に人知れず佇んでいた

加納は数年ほど暮らした後、赤坂に新しい住宅（同じく坂倉の設計）を構えたため、この住宅は五六年には次の新しい住まい手に継承されている。そして六五年に軽井沢に移築され、別荘になるなどの変遷を経て、最近まで、同じ一族が代を重ねて継承してきた。ただ、時

→A字形柱と棟木の接合部。棟木を挟み込むようにしてボルトで接合されている。

→A字形柱が支えている棟木。複数の木材や鉄筋などを合成した造りになっている。

軽井沢A型住宅 ――→ P.40（写真）, P.202（図面）

を経るなかで、この住宅の存在は世間的には少しずつ忘れられていき、森の中にいわば匿名の住宅として佇んでいた。

坂倉や担当のスタッフも新しい住まい手とつながりがなかったようで、四谷から軽井沢に移ったところから所在がわからなくなっていたという。軽井沢A型住宅は、建築界でもほとんど幻の存在になりかけていた。

そんな状態が長く続いていたが、二〇〇六年、坂倉の事務所での設計担当の一人だった北村脩一さんがたまたま仕事で軽井沢に来ていたところ、通りすがりに軽井沢A型住宅を見つけ、坂倉準三の作品として「再発見」するに至った。北村さんは五〇年以上前の若き日に担当した住宅に、突然遭遇することになったのだ。

住宅の「再発見」

その後、長く継承してきた一族から、この住宅を引き継いだのが現所有者のIさんだ。じつはIさんも、「別荘が欲しいから」という理由で軽井沢A型住宅の購入を検討したため、坂倉準三の名前や、その由緒を知ったのは取得する直前のことだったという。

由緒がわからないまま、埋もれている住宅がある。住んでいる人、所有している人、あるいは近隣の人は、もちろんその住宅の存在は知っているが、設計した人物の名前、思想、技術などが伝わっていないこともある。そのため、思わぬところに名作が潜んでいないと

→中二階に上がる階段。壁や手摺りの形状は曲線。手摺りは真鍮でできている。

→階段と合板の現しが再現された壁面。右手に台所、左手の扉は寝室につながっている。

もかぎらないのだ。

四谷から移築されていた軽井沢A型住宅も、設計担当者である北村さんが通りすがりに見つけなければ、いまだに幻のままだったかもしれない。その後、北村さんが再生の監修まで行い、壁面を合板の現しにしたり、ボードで覆われていたA字形柱を現しにするなど、その往事の姿を復活させた。二〇〇九年には坂倉準三の展覧会でも紹介され、軽井沢A型住宅は再び広く知られることになった。

なお現・所有者のIさんは、埼玉県入間市のジョンソンタウンのオーナーでもある。ジョンソンタウンは、元米軍ジョンソン基地の軍人が住んでいた米軍ハウス群を生かし、アメリカのような街並みに統一された人気の住宅街（一部店舗）だ。基地なき後に放置されていた米軍ハウスに可能性を見出した。こちらも「再発見」である。

価値あるものが、いつも自ら燦然と輝いているわけではない。目立たない場所にひっそりと佇んでいたり、朽ち果てていたり。あるいは目には見えない価値も。目利きの「再発見」が、そういった価値を見出す。密かに十二分の箔をもちながらも、箔に頼らなかった履歴。遠山の金さん、水戸黄門ではないが、見知ったものの箔が後から明らかになったときの凄みは、いっそう際立つ。［二〇一七年八月］

→居間。右奥に玄関とつながる縦軸回転の扉。左側の部屋は増築。

軽井沢A型住宅——→P.40（写真），P.202（図面）

顧空庵——白井晟一

Kokuan —— Shirai Seiichi

1953

「学舎」だった小住宅

この五〇平方メートルほどの小住宅は、一九五三年、東京・上野毛につくられた。佐竹南家が治めた秋田・湯沢において、江戸時代から代々医師であった渡部家当主の渡部均・リツ夫妻の子女が、上京して大学や予備校に通うための住宅だった。地方出身の学生は下宿するのが一般的だろうが、将来的にはゲストハウスにすることも見越して、渡部家では子のための家を一棟建てたのである。学生時代を過ごす住まいのため、一家では東京の「学舎」とも呼ばれていたという。

設計をしたのは、白井晟一だ。白井は戦時中、湯沢の知人のところへ家財を疎開させていたことから、戦後にお礼に訪ねたことなどが縁で、湯沢で数々の仕事を得ている。地元の名士である渡部家とも交流が生まれ、東京の住宅の設計を頼まれたというわけである。勉強机のある洋室と畳敷きの和室が並ぶ一室に、三畳の和室と水まわりが取りついた最小限ともいえる間取りだ（「試作小住宅」という名で雑誌に発表された）。

→顧空庵のテラス。所有者の渡部三喜さん（右）と移築の設計を担った白井原太さん（左）。

白井晟一といえば、佐世保の親和銀行本店や渋谷の松濤美術館といった、石貼りなどの重厚な素材や造形が際立ち、存在感が著しい建築を手がける印象だが、この住宅の頃はまだ趣が異なる。白井は「白い漆喰壁とくすんだ木部との階調は、新旧を超えて素朴な故郷の感覚であると思う」（『新建築』一九五三年八月号）と述べ、ゴツゴツした素材感の嗜好というよりは、むしろ素朴な日本建築に共感を覚えていたようだ。草庵茶室にならったにじり口のような地窓、火灯口、また秋田から運ばれた銘木の柱などの数々が、極小の場に人を惹きつけつつも、暮らしのなかで鬱陶しくない仄かな彩りを添えている。

継承を決めた一夜

最初の住人は、後に渡部家の医師家業を継いだ渡部三喜《さんき》さんとお姉さんのふたり。三喜さんは大学受験に向けた予備校に通うために上京をしていた。東北大学に進学が決まり上野毛を出るが、その後も兄弟や親類が住み継いでいた。何十年もの時間の流れのなかで、改修や増築はほとんどなされなかった。それは、三喜さんの母・リツさんがこの小住宅をこよなく愛し、白井がつくった原形を大切にしてきたからだという。

ところが二〇〇四年、リツさんが亡くなると、渡部家でも、この築五〇年以上もの建物を売却する話が浮上した。三喜さんは、できるだけ残したいと思い、建物を維持したまま住む人はいないかと新しい住まい手を探したが、手を挙げる人は現れず。開発が進み、地

→一室のなかにまとめられている勉強室と和室。一室空間だが、天井が変化に富む。

顧空庵 ──→ P.42（写真），P.203（図面）

価も高い都会では、普通に売れれば、おそらく解体されてしまうだろう。諦めかけ、三喜さんはこの小住宅で最後の夜を過ごすことに。その一夜で、三喜さんは過去や両親のことを想起し、この家を壊してはならない、と自らの継承を決意した。著名建築家の作品であること、渡部家の歴史を刻んできたこと、そして何より両親の想いが詰まった住宅であることが、三喜さんの背中を押した。

とはいえ、自身は秋田・湯沢の医師だ。この東京・上野毛の住宅に、どういう継承の道があるのか。建築家本人は亡くなっている。そこで三喜さんが知己を頼って知り合ったのが、白井晟一の孫・原太さんだった。祖父と同じく建築家になっていた原太さんは、腕をまくり、三喜さんと作戦会議をした。一度解体し、その部材を湯沢へ運び、再度組み立てる、という「移築」の道を選んだ。移築にあたっては、一度土に戻した土壁の色が変化しないように慎重に調合するなど、オリジナルを損ねないようにする一方で、今後の継承のために不可欠な耐震補強や水まわりの更新も行っている。剝製のような保存ではない、新しい息吹を与えるための提案が冴えている。二〇〇七年に湯沢に移され、その日の美しい空と、この建物にかかわった人々のつながりを顧みる、という想いを込めて「顧空庵」と新たに命名された小住宅は、渡部家のゲストハウスとして生まれ変わったのである。

→丸柱は、当時秋田から上野毛に運ばれた銘木。奥ににじり口のような地窓。

→台所。移築の際、カウンター面積を増やす増築をした。

移築という選択

都会では土地の価格が高いために各種税金も高く、住み慣れた住宅を手放さざるをえないことがある。再開発のために取り壊されることも多い。住宅を別の場所に移築するというのも、継承のための一つの選択肢である。

ただ移築というのは、古材を転用するとはいえ、解体や運搬などの工事を伴うため、新築よりもむしろ労力がかかる場合が多い。顧空庵の場合、白井晟一という著名建築家の作品だったこともあり、数々の文化財修復を手がけてきた風基建設が関心を示し、短期間で解体、トラック一台で運搬、番付による部材の整理が手早く行われた。原太さんもこの住宅を残したいという想いは強く、解体のために部材リストを作成して、転用できるか否かを検証するなど、通常の設計では行わない工程に尽力し、労を惜しまなかった。条件が整えば、移築の実現も可能だ。移築を経ても価値は認められ、登録有形文化財になった。

ヴァージニア・リー・バートンが描いた絵本『ちいさいおうち』では、周囲の開発に取り残され、困っていた大都会の小住宅が、田舎に移築されたことで、開発前の幸せな時間を取り戻すさまが描かれている。都会で育った顧空庵もまた、喧噪から逃れるように生みの親の実家に帰省した。『ちいさいおうち』と同じように、微笑んでいるだろうか。

［二〇一七年九月］

→妻側外観。屋根が薄く見えるように桁が先細りしている。

→移築中。トラック一台に収まる全部材。（提供／白井晟一建築研究所）

顧空庵 ──→ P.42（写真），P.203（図面）

コアのあるH氏のすまい——増沢 洵

Hara House——Masuzawa Makoto

1953

今も生きるモダニズムの理想

増沢洵によって設計された住宅「コアのあるH氏のすまい」には、その雑誌（『新建築』）発表時の名前の通り、浴室やトイレなどの水まわりの設備をまとめた「コア」がある。一つの四角い大きな部屋の中に「コア」が置かれ、そのまわりを玄関、居間、食堂、厨房、仕事室などとして用いる一室空間というシンプルな構成だ。プライベートな個室だけが壁で仕切られている。増沢が目指したのは、「個室には独立性、団らんの場には一体性を図る」ということであった。

この「一体性」は部屋の間取りだけでなく、構造やディテールを工夫することで、より「一体性」を可視化するようにしている。外周部に耐力壁を集中させることで、室内には柱が一本もないようにしたり、屋根を薄くするために水平ブレースを入れたり、鴨居や敷居を天井や床の面と揃えたりするなどと細かい。さらに、この「一体性」が庭にまで広がるように、庭と接する南北をほぼすべてガラスの建具にして、内外を一体化。床から天井

→居間ごしにアジサイの咲く南庭が見える。今の住まい手の木場夫妻。

までいっぱいの高さの開口部は、この住宅をきわめて開放的にし、ミース・ファン・デル・ローエのファンズワース邸のように、まるで床と天井だけで住宅が成り立っているかのように見せている。シンプルに見せて、実際は見えないところでやりくりしているのだ。

旧来の骨格にとらわれずに自由に均質に開放的に、あるいはシンプルに建築をつくることは、モダニズムの一つの理想であったが、増沢の「コアのあるH氏のすまい」は、戦後早々に「コア」という新しい考えによって、さらに木造でそれを実現しようとした。

シンプルな接客の場

南側の庭先には、藤棚がある。この藤の木は、初代の住まい手である「H氏」こと原韜六郎《とうろくろう》さんの夫人・道子さんが植えて以来、住宅とともに受け継がれてきたものだという。五月には鮮やかな藤の花を咲かせる。玄関を開けると、すぐにこの藤棚が目に飛び込んできて、来訪者はみな、心を奪われるにちがいない。このシンプルな構成の住宅の視線の先に藤棚。いわば画竜点睛として藤があり、季節によってはその向こうのアジサイが美しい。床の間に飾られた一輪の花でなくとも、この窓の全面に広がる豊かな緑、時には花を見れば、この家の亭主が心温かく出迎えてくれていることが、自ずと知れる。大きなガラス面があるからこそ。徹底したディテールは、そのディテールの巧みさの自慢を目的としているわけではないのだから、こうした暮らしのなかでの効果に現れてこその代物だろう。

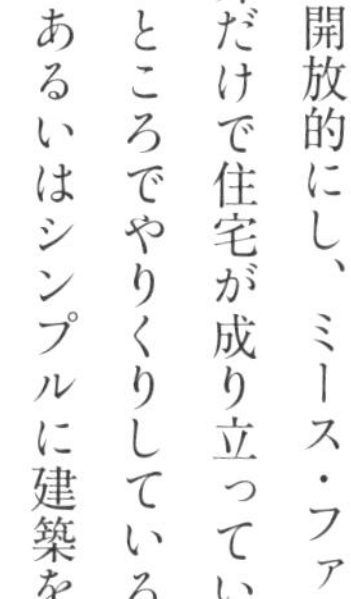
→南庭で、五月に咲いた藤の花。庇のような日除けにもなる。

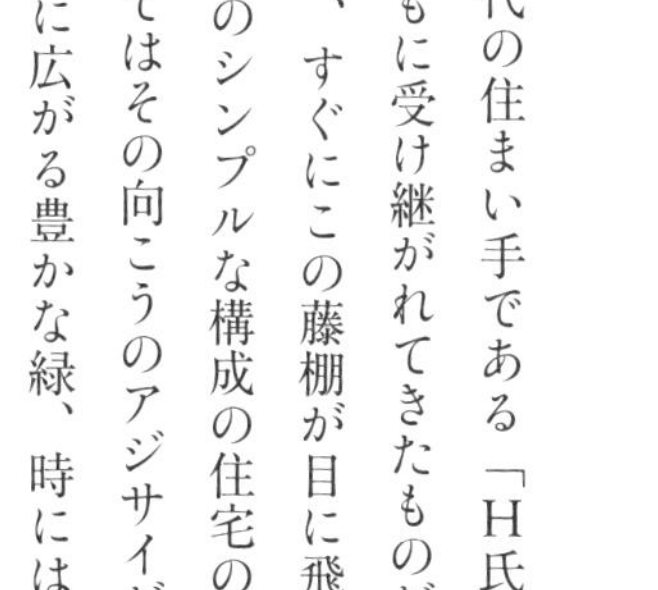
→窓際。柱より外側にガラス戸があるレーモンド由来の「芯外し」。

 コアのあるH氏のすまい——→P.45（写真），P.203（図面）

昔は、たとえば応接間や座敷のような来客のための部屋に客を通していた。最近では、そうした昔ながらのしつらいは少なくなり、居間で接客をすることも多くなってきていると思うが、「コアのあるH氏のすまい」のような、玄関を開けるとすぐに居間が広がるシンプルな間取りでも、招きの真髄を感じるのだから、応接間や座敷だけが接待の場とはかぎらないと知る。

初代の原家から、岡田家、近藤家、そしてその子世帯である木場家によって、三代四世帯にわたって継承されてきた。いずれの住人もこの住宅に愛着をもって暮らし、家事の場所が集中した能率的な「コア」の配置や、室内に段差がないことによるバリアフリー、掃除のしやすさ、人々が集まる場所としての使いやすさなどを懐古していたという。現在の住まい手である木場康博さんと禮子さんの夫妻も、人が集まり、たちまち人を惹きつけるこの家には、何か「気」のようなものすら感じるという。モダニズムの思惟と信念が現実の力であったことが、時を超えて実証されている。

コアは更新していく

なお住宅の設備機器は、日進月歩で新しい製品が開発されている。古く風情のある住宅に住みたくても、たとえば、トイレは新しくあってほしい。シャワーや浴槽も取り替えることになるだろう。そのため、住宅のすべてを維持しつづけるのは難しく、更新していく

→居間。奥に北側の玄関、右手に子ども室が見える。

→「コア」。食堂と厨房は「コア」まわりに配置。

必要がある。

「コアのあるH氏のすまい」では、「コア」内部や周囲に水まわりや家事の設備が集中しているため、新しい設備に更新しても、全体の風情にほとんど影響のない構成だろう。実際に厨房、トイレ、浴室、洗面所などは新しくなっているが、「コア」のまわりに限った変化なので、全体に違和感なくなじんでいる。全体が木調のデザインなのに対し、「コア」の壁だけはコンクリートブロックがむき出しであり、ハイサイドをガラス張りにしているところからも、「コア」が建築から分離されていることを主張しているように見える。独立して更新可なのだ。

木場夫妻は、春には「藤の花の集い」、秋には「秋刀魚の会」を催すなど、折々に多くの人を招いている。藤だったり、アジサイだったり、秋刀魚だったり、建物はシンプルでも、訪れる度に表情がいずれも独自に麗しく変わり、客を飽きさせない。モダニズムの理想は、住みつづけて真髄が発揮されるものなのか。［二〇一六年一〇月］

→前面道路側から見た外観。フラットルーフのように薄い切妻屋根。

コアのあるH氏のすまい——→P.45（写真），P.203（図面）

私の家——清家 清

My House / Seike House——Seike Kiyosi

1954

小さいほうが、合理的

家は、家族の拠点でありつづける。家族全員が、そこで寝起きしているときはもちろんのこと、子どもが成長したり、仕事などのもろもろの都合などによって、家族がバラバラに住むことになったとしても、かつて一緒に過ごした住宅の存在が、家族の気持ちを結束する物理的な象徴になりうる。住宅は雨風をしのぐための生活の器だが、それだけではなく、家族の拠点であり精神的な意味合いも大きいことだろう。清家清の自邸「私の家」で生まれ育ち、そして継承した清家の子世代・孫世代にとっても、やはりこの家には、建築家の代表作というだけではない、自身の記憶と結びつく特別な想いが込められているにちがいない。

「私の家」は、一九五四年に東京・雪ヶ谷にあった清家の両親宅の庭に建てられた、五〇平方メートル（地下を除く）ほどの住まい。若い頃の経済的な制約もあり、ローコストでつくられた、ほとんど間仕切りのないシンプルな小住宅になっている。それは、お金がなかった

→正面外観。清家清の長女夫妻（八木幸二さんとゆりさん）。

ことによる、やむを得ない結果、ということばかりではない。清家は自邸を建てる前から、屛風や置畳などの調度（舗設《しつらい》）を置き換えて、そのときの状況に応じて生活の場がつくり替えられるような住宅を望み、掃除のことを考えても適度な床面積にするほうが合理的であることを主張していた。家具や調度を固定化しない、寝殿造などの古くからつづく日本の暮らし方と、シンプルで合理的、そして経済的な思考を両立させたのである。四角い置畳は、清家の小住宅の象徴だ。

当時の近代建築の潮流と相性のよい日本の伝統が見出されていて、ほかにもいくつかつくられた清家の小住宅群は、ヴァルター・グロピウスなどの海外建築家の評価も高かった。昭和二九（一九五四）年一二月九日の朝日新聞に「一緒に仕事しよう」「巨匠グロピウス氏から小住宅設計の清家氏へ」「日本建築の〝良さ〟に感銘」という見出しで、グロピウスの清家に対する賛辞が記事になっている。

一五年ずつ、住み替わる

清家には子どもが四人いたので、この小住宅には一時六人が暮らしていた。その後一九七〇年、清家の両親の高齢化などに伴い、同じ敷地内にあった両親の主屋を「続・私の家」として再建、一家は両親と同居するかたちで、そちらに移り住むことになった。ただ、「私の家」が空き家になったわけではなく、絵を描いていた長女・ゆりさんがアトリ

→茶の間・居間。仕切りはカーテンしかない一室空間。床は戸外のように石貼りにしている。中央に置畳。

→勝手口から、台所越しに食堂、書斎を見る。

私の家——→P.48（写真），P.204（図面）

工として使用したり、清家が教鞭を執っていた東京工業大学の客員の先生に貸すこともあったという。

正式に次の住まい手が暮らすようになるのは、しばらくして、ゆりさんが建築家の八木幸二さんと結婚してからであり、「私の家」は八木家の住まいになった。そしてまた一五年ほど経ち、八木家は八木さんが設計した新居に転居。その後は、子どもの通う学校が近いということで、アメリカ人のジョーデンさんと結婚していた次女・いせさんの一家が住み継ぐことになった。いせさんたちも「私の家」に一五年ほど住んだため、清家清と奥さまの子育て時代、八木家の子育て時代、そしてジョーデン家の子育て時代と、おおよそ一五年ずつの三つの時代を経て継承されてきた。

二〇〇五年、清家が逝去。時を同じくして、ジョーデン家がアメリカに帰ることになり、その後は清家が主宰していた設計事務所・デザインシステムがオフィスとして借りていた。そこから一〇年ほど経ち、事務所が閉鎖されることになり、今はまた住宅として使える状態に戻してある。

集住の精神が、育まれたのか

清家清の「私の家」は、両親の家の庭に建てられ、その主屋と並び建っていた。主屋は老朽化などにより「続・私の家」（一九七〇年）に建て替えられ、両親と同居することになる。

→書斎から、食堂、台所を見る。南の庭側はできるだけ開放している。

→大学退官の際に、家に持って帰ってきた書籍などの収納のために屋根に載せた船用のコンテナ。

その後、「続・私の家」の隣に、長男・篤さんの「倅の家」（一九八九年）がつくられ、敷地内には三棟の住居群が並んで建っている。「私の家」は次女・いせさんの一家が住み継いでいたので、清家は晩年、長男一家、次女一家と同じ敷地に住んでいた。後に長男・篤さんが「続・私の家」を継承した。

住宅が家族の拠点だとはいえ、これだけ家族が集住しつづけるのは、珍しいことだ。うらやましくもあり、たいへんそうなこともあり。家族とはいえプライバシーはあるが、清家自身の「家族に秘密はないはず」という考えでつくられた、ほとんど間仕切りがなく、トイレにも扉がない「私の家」で過ごした家族。この集住の精神は、「私の家」で育まれたのかもしれない。

清家は、「『私の家』をよいハウスであると同時によいホームにつくり上げたい」と、ハードウェア（ハウス）だけでなく、家族がつくり出す中身（ホーム）を大切にしていた。そのため、「私の家」という建築は一つしかないが、継承を重ねるなかで営まれた暮らしの数々が折り重なり、いくつものホームをかたちづくってきた。家自体はシンプルだからこそ、ハードウェアは潔く下地となって、そこでの暮らしや年中行事などのホームの記憶がいっそう際立って、家族の芯を強固にしたのかもしれない。［二〇一七年六月］

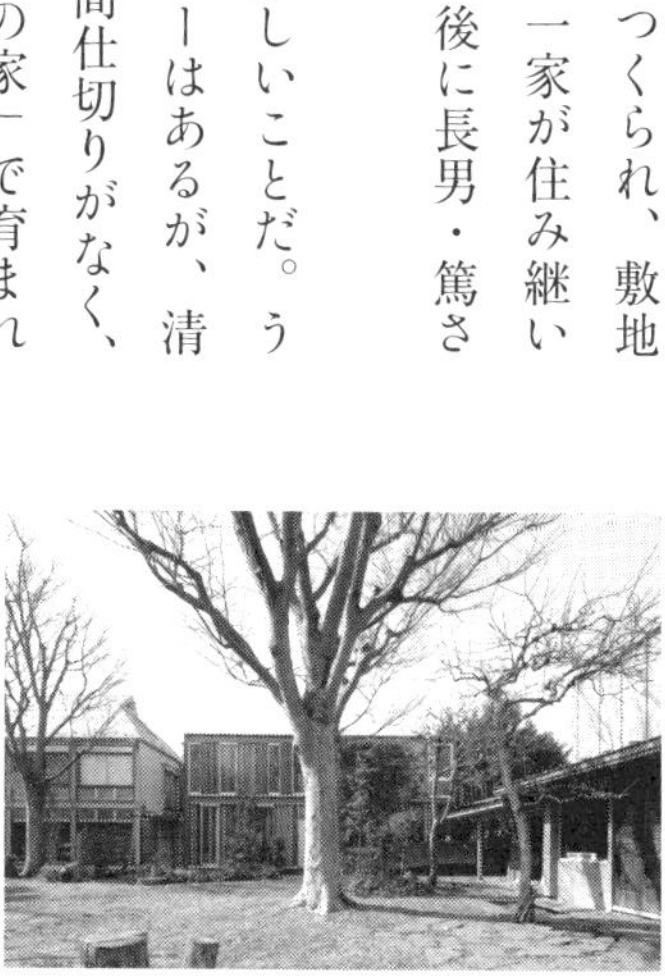

→「私の家」（右）、「続・私の家」（中央）、「倅の家」（左）が並び建っている。「私の家」は小住宅だが、庭は広い。

私の家 ――→ P.48（写真），P.204（図面）

旧園田高弘邸

Sonoda Takahiro House——吉村順三

Yoshimura Junzo

1955

ピアニストの家に、音を取り戻す

静寂というものを、よりいっそう感じるのは、かつてその場所に音が満ちていたことを想い描けるときではないだろうか。古典から現代音楽までの膨大なレパートリーをもつ、世界的なピアニストとして知られていた園田高弘の自邸にも、色鮮やかで多彩な音が溢れていたが、園田が二〇〇四年に亡くなり、小住宅のなかに置かれていた二台のグランドピアノが今はない。音のない静寂な空間。「旧園田高弘邸」は、家の主のあとを追うように、その生涯を終えようとしていた。

旧園田邸は、吉村順三が設計した。吉村の妻がヴァイオリニストの大村多喜子ということもあり、音楽家の住宅の設計に腕をふるった。戦後の住宅不足などの影響がまだあり、あまり大きくはない七七平方メートルの小住宅にならざるをえないなかで、吉村は二台のグランドピアノを置ける空間に仕上げた。吹き抜けが音を伸びやかにし、吸音板が張られた天井や、その天井裏の空間が音響をよくしている。さらに居間の床を玄関から二段下げること

→旧園田高弘邸の吹き抜けの音楽室と、居間。ソファに住まい手の伊藤さん夫妻。

で、大きなグランドピアノの威圧感を和らげる配慮をするなど、音楽家の家ならではの工夫が随所に見られる。音楽を奏でるという条件とともに、時代の厳しい条件が重なったが、むしろそれらが、建築の完成度を高めた。

園田が亡くなった後も、奥さまの春子さんはこの住宅が先々まで残っていくことを希望していた。吉村の卓越した仕事でもあるし、もちろん亡き夫への想いもあることだろう。とはいえ、場所は自由が丘の一等地である。土地代を含めると安い買い物ではなく、すぐに引き継ぐ人が見つかるわけではない。残していくために、何かをしなければならない。キーワードは、〈音楽と建築の継承〉。春子さんを中心に、心を一《いつ》にする人々が、この住宅で演奏会と建築のレクチャーなどの「音楽と建築の響き合う集い」を何度も催すことになった。ピアニストの家で、ふたたび色彩豊かな音楽が、奏でられ始めた。

音楽と建築が、人をつなぐ

「音楽と建築の響き合う集い」は盛況だった。生前の園田や吉村の人柄を慕うように、音楽と建築のそれぞれの世界の第一線で活躍する人々が駆けつけてきた。この集いの活動は広がりをみせ、展覧会も開催され、新聞記事でも取り上げられることに。情報は全国に広がり、大阪に住む伊藤晴夫さんの目に留まった。

伊藤さんは、奥さまの実家が京都の伝統的な数寄屋風の住宅だったこともあり、もともと

→二台のピアノが置かれていた音楽室。グリッド状の天井は吸音板。

→吹き抜けを見下ろす。二階には一階での演奏を鑑賞するスペースがある。

旧園田高弘邸 ——→ P.51（写真）, P.204（図面）

と建築に関心をもっていた。大阪の自邸は、東京藝術大学出身で吉村の影響を受けた横内敏人さんが設計している。そうした建築眼をもった伊藤さんは、吉村に特別な想いをもっていたという。「吉村さんが設計した住宅にはなかなか入る機会がなく、いつか見たいと思っていたので、旧園田邸の新聞記事を見て、すぐ見学に行きました。そうしたら、すごく気に入ってしまって」と伊藤さん。東京への出張が多い伊藤さんは、セカンドハウスとして購入を決意した。

旧園田邸が伊藤邸となってからも、「音楽と建築の響き合う集い」は続けられている。それは、何か社会に貢献したいという想いが、伊藤さんにあったからだという。伊藤さんの文化を継承することへの熱意は、驚くほど強く、自分の所有物となった住宅をオープンにしつづけている。一方奥さまは、そうした伊藤さんの想いに対し、最初は荷が重いと感じていたという。ただ、日々の暮らしや演奏会でのいろいろな人との出会いを経て、「この緑生い茂る庭に囲まれた家で、老後の豊かな時間を過ごすのもよいかと思い始めました」と。また、娘さんたちもこの家を気に入っているとのこと。音楽と建築が、次々と人のつながりを紡いでいる。

文化活動を通じた、継承者探し

住宅を継承しようとするとき、すぐに引き継ぎ手を見つけるのは難しい。継承者を探す

→二階の寝室。

→北側のアプローチ。切妻屋根の小住宅。

方法にはどんなものがあるか。たとえば、一見したところでは文化活動に見える集客力の高い催しを開き、その活動に関心を示して参加した人のなかから、引き継ぎ手を探すという方法がある。

旧園田邸では「音楽と建築の響き合う集い」を、二〇〇八年から二〇回以上も開催している。この集いは演奏会と建築のレクチャーのサロンであり、園田春子さん、建築専門家、地域住民で立ち上げた有志の会によって運営されている。「せっかくですから、素敵な演奏家たちに来ていただきましょう」と春子さんは述べる。世界で活躍する演奏家たちが、増築部分に置かれた園田のピアノを弾きに集まり、演奏会のレベルに負けじと、第一線の建築家や建築史家も吉村順三の魅力を語る。継承者を探す活動でありながら、この住宅への理解もどんどん深まっていく。

この活動を通して情報が社会へ開かれ、継承をサポートするネットワークが築かれていき、旧園田邸の伊藤さんへのバトンタッチにつながった。

一つの住宅をめぐる物語だが、園田と吉村という慕う人多き音楽家と建築家の交流が、音楽と建築という分野の接触にまで広がり、流れは大河となりつつある。「ピアニストの家」には、やはり美しい音色が響いていてほしい。［二〇一六年四月］

→園田さんのピアノが置かれた増築部分。吉村順三の弟子にあたる小川洋が設計した。

→「音楽と建築の響き合う集い」の様子。（写真／齋藤さだむ）

旧園田高弘邸——→P.51（写真）、P.204（図面）

私たちの家——林昌二＋林雅子

Our House / Hayashi Shoji & Masako Architects' House——Hayashi Shoji & Masako

1955

住人が変われば、住宅も変わる

若い頃に建てた理想の住宅が、年を重ねるなかで、ずっと理想のままとは限らない。一緒に過ごす家族の人数が変わることもあるし、経済状況も変わる。そして心身は成熟、あるいは衰えもする。そうした変化が積み重なるなかで、住宅に求めるものも移ろっていくことだろう。人間が変わるのであれば、住宅も変わる。林昌二・雅子夫妻の自邸「私たちの家」もまた、改修や増築を重ね、変わりつづけてきた住まいである。

林夫妻の自邸は、一九五五年に六〇平方メートルほどの小さな平屋として東京・小石川に建てられた。最初はシンプルな長方形の平面の住宅だった。後にそれぞれ高名な建築家となるふたりも、当時はまだ二〇代である。お金のないなかで「無駄はもちろん余裕も全くない家」としてつくられたと林自身は語っている。ただ、むしろそうした経済的な制限があったからこそ、研ぎ澄まされた住宅の原型になったともいえる。師である清家清の自邸「私の家」（一三六ページ）の名を継承して「私たちの家」と名付けられた。

→南側の庭から見た外観。もともとは右手の一階部分だけの平屋。建物の前に現住人の安田夫妻。

林夫妻は、その原型に住みつづけ、自身の立身に合わせるように、断熱や収納の増設など、少しずつ改修や増築をしていく。そして、竣工から二〇年以上経った七八年、平屋を二階建てにし、床面積が約二三八平方メートルとなる大きな増築を行った。台所や居間のスペースを大きく拡張。二階には広い書斎と屋根裏部屋、そして二つ目の浴室がつくられた。日々の生活は一階ですませ、二階は非日常の場所として、週末住宅のように使っていたという。年を重ねて余裕が生まれた夫妻にふさわしい住宅に生まれ変わったのだ。

最初の原型とは対照的に、増築を重ねたことでかなり特殊な形態になったが、住人の時々の変化に応えた結果であり、人間の生涯が単調ではないことの象徴に見える。

骨格は変えずに、イメージチェンジ

林夫妻の亡き後、しばらくの間、この住宅は空き家になっていた。人のいない住宅の劣化は早い。雨漏りもはじまり、そのうちに廃屋になってしまう恐れも感じられたという。そこで、この住宅を改修し、住み継ぐことにしたのが、林昌二の後輩筋にあたる建築家の安田幸一さんと妻・みどりさんの家族だった。「何かあれば東工大の先生（幸一さん）を頼るように」と生前の林が親族に伝えていたらしい。

「私たちの家」は、有名な住宅であるうえに先輩の自邸でもあった。安田夫妻は、もちろんこの住宅の経歴に敬意を払っているが、一方で継承するにあたり、古い状態を維持す

→一階居間から庭を見る。照明がついていない広々とした天井が特徴。

→一階台所と食堂。一九七八年に増築された部分。

私たちの家——→P.54（写真），P.205（図面）

る「完全保存」という手法を用いず、自分たちの家として住みこなす決心をしている。それはオリジナルを変えるような改修も増築もしていく、ということだ。たとえば、それぞれの職場に毎日出勤する林夫妻に比べて、アトリエの経営にも関わるみどりさんは、家でも仕事をしたり、家事もするなど、家に滞在する時間はずっと長い。住む人が変わったら、使い方も変わるのだから、住宅も変わらざるをえない。

「人間が洋服を着替えるように、建築がイメージチェンジをしても、骨格が変わらなければ本質を守ることができる」と安田幸一さんは言う。夫は、その骨格を建築のプランや構造と捉え、設備や仕上げの更新を行い、妻は、その骨格を部屋の背景色と捉え、ソファやカーペットの色を選ぶようにしてきた。そうした骨格を変えない改修により、林夫妻が住んでいた頃の忠実な再現ではないかもしれないが、より現住人にマッチした住宅として継承されたといえよう。

「これからも、必要なときには改修をするし、遠い将来の話として増築もさせていただきたい」と安田夫妻は語る。「私たちの家」はすでに〝私たち（林夫妻）〟の家ではないのだから、改めて安田夫妻は「小石川の住宅」という名称も加え、歩みつづけていく。

もともとは他人の家でも、自分らしく住みこなす

人間が十人十色であるのと同じく、住宅にも一つ一つ違った個性が育まれていく。他人

→一階居間。白いテーブルは倉俣史朗のデザイン。壁に、安田夫妻が依頼した大井戸猩猩氏による点描画。

が住んでいた住宅を引き継いでも、しばらく住みこなせば、少しずつ似て非なる自分自身の住まいになっていくものだろう。有名人が住んでいた家だったとしても、自分が住んだら、自分らしく住めないのであれば、息苦しい。

安田夫妻も、「私たちの家」を住み継ぐにあたり、林夫妻が住んでいた状態から、すでにいくつかの変更をしている。たとえば、もともと黒を基調にして、照度も抑えられていた台所は、照明を増やして全体を白くすることで、明るい印象になるように改修した。林夫妻は、夜や週末の落ち着いた時間をこの家で過ごしていたのかもしれないが、昼間に台所にいる時間の長いみどりさんにとって、明るい台所が希望であった。こうした変更をしたからといって、必ずしも建築の質が損なわれるわけではない。むしろ新たな住人にうまくアジャストしていけなければ、いかに名作であったとしても、住宅として継承されていくのは難しいだろう。

そもそも、この住宅には林夫妻の頃から変わりつづけてきた歴史がある。安田夫妻は、その「変わりつづけること」も含めて、継承したのである。同じ住人が住みつづけようとも、新しい住人が住み継ごうとも、家族の人数、周辺の環境、設備、あるいは住人の心情などのさまざまな変化に合わせて変わることができる住宅は、時の移り変わりに負けずに、残っていく。［二〇一七年五月］

→二階屋根裏部屋。壁や天井は、林雅子が好んだ赤色。

→屋根裏部屋から書斎を見る。ビル仕様の窓が使われている。

私たちの家——→P.54（写真）, P.205（図面）

浦邸——吉阪隆正

Ura House——Yoshizaka Takamasa

1956

数学者と建築家の、パリでの約束

玄関脇のコンクリートの壁面に、手形が八つ。夫婦と子ども三人、そして夫の母親の家族六人とともに、建築家と担当者の手形が、家の完成を記念して刻印されている。築六〇年以上も経てば、つくった人たちの痕跡や記憶が薄れていくことも多いが、ほとんど変わらぬ姿や、細部まで入念に検討された設計の圧倒的な力量を見ると、家族と建築家たちの建設当時の想いや精神が、まるで移り香として建物に染み込んで漂っているかのように感じられ、手形もその象徴の一つに見える。脇に「ｔａｒｏ」「ＴＡＫ」と名が刻まれた手形の主が、建主の数学者・浦太郎と、建築家・吉阪隆正である。この兵庫・夙川《しゅくがわ》の住宅の物語は、フランスでのふたりの出会いからはじまった。

一九五〇年、フランス政府給費留学生の戦後一期生として渡仏していた吉阪が、翌年の五一年に二期生の浦たちをマルセイユの港で出迎えたのが、ふたりの出会いだった。ともにパリの国際大学都市にあった学生寮（パリ日本館）を宿舎とし、留学生のなかでは数少な

→敷地の奥から見た外観。一階が吹き放ちのピロティになっていて、四本の柱で二階が支えられている。

い既婚者同士だったこともあってか、ふたりはすぐに親しくなっていった。浦はすぐに吉阪に惹かれたようで、留学中、パリ日本館の部屋にて、帰国後の自宅の設計を依頼。このときの条件は、コンクリートを使うこと、街に開放したピロティをつくること、靴をはいたまま生活することの三つだった。部屋からは、ル・コルビュジエが設計したスイス学生会館、まさに、コンクリートでつくられたピロティのある建築が見えたという。

留学のあいだ、ル・コルビュジエのアトリエに勤めていた吉阪は、彼のすべてを受け入れていたわけではないが、だからこそ、その真髄に批判的にも迫ろうと、全身と全霊をもって学んでいたコルビュジエ建築のことを、浦にどう語っただろうか。またきっと人類が生み出しうる理論の先端を走っていたであろう数学者の浦は、新しい建築の実践をどう受け止めただろうか。この浦、吉阪、そしてコルビュジエ建築の三者の邂逅が、「浦邸」につながっていく。

浦邸には、コルビュジエ建築を明確に意識した部分が散見される。一つは当初からの計画であったピロティ。一階は風も人も抜けることができる吹き放ちになっている。そして玄関まわりのアクリルは、ル・コルビュジエが用いた建築の寸法体系であるモデュロールで割りつけられ、玄関正面のカラフルな格子は、吉阪が現場監理を担当したマルセイユの集合住宅ユニテ・ダビタシオンからヒントを得たものだという。もちろん安易な模倣では断じてないが、若き日の数学者と建築家のスイス学生会館を前にしたときの想いが、浦邸をつくる精神として、通底していたにちがいない。

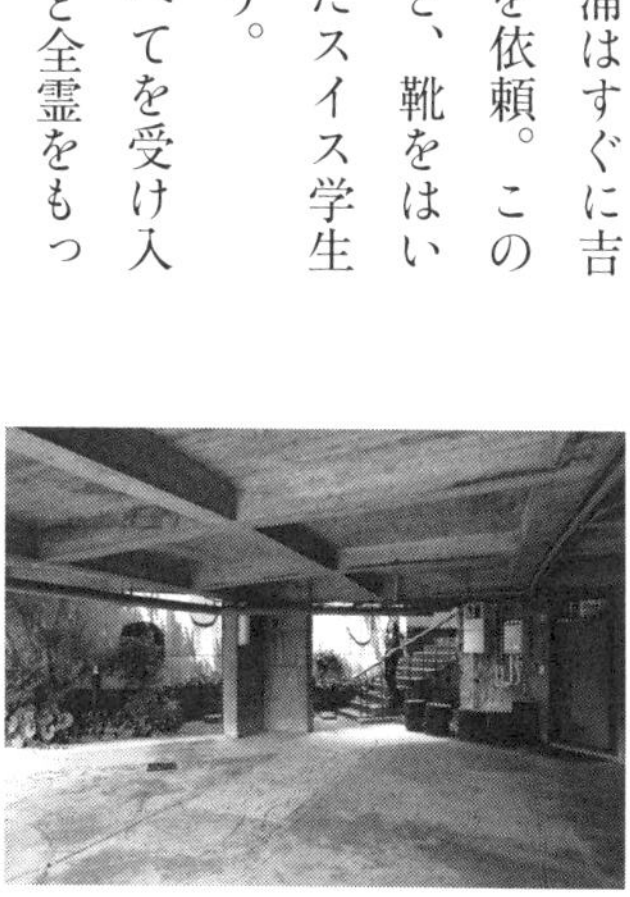
→ピロティ。奥の階段を上ると玄関に至る。

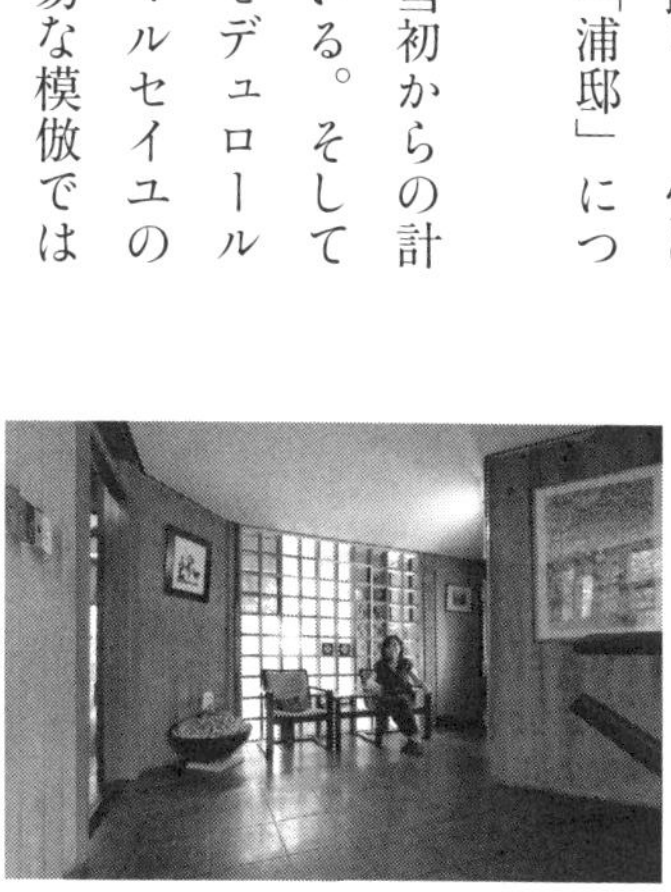
→玄関ホール。椅子に座っているのは、浦太郎の次女の伊藤周さん。

浦邸——→P.56（写真），P.205（図面）

ものづくりの移り香

ただその想いが起点となりつつも、実際はもっと多くの人々の知恵と労力の結集が、浦邸を生み出していった。帰国してから、吉阪が数人のパートナーとともにつくった設計組織・吉阪研究室(後にU研究室)によって、平面をはじめとしたかなりの量のアイディアが出され、浦とも寸法などの細部に至るまで連絡を密にしながら、練り上げられていった。

そのときのものづくりの熱は、そう簡単には冷めなかったのだろう。数十年経っても、細部に至るまで、ほとんど変わらぬ姿で住みつづける浦は、「建築というものは、ある考えのもとに完成した時、完璧な姿をしています。そこに何一つ加えることも、削ることもできません」と語っていたという(『吉阪隆正の方法 浦邸1956』、齊藤祐子著、住まいの図書館出版局。浦や吉阪の経歴など、いずれも同書を参照)。

今年、浦が亡くなった。吉阪よりも長生きし、天寿を全うした。今後の維持の仕方は、まだ白紙の状態だという。ただ「父と母、そして吉阪さんたちがつくった、大切な家」と娘の伊藤周さんは話された。ご自身の育った思い出の家であるとともに、つくった人たちのあまりにも温かい手触りの数々が、まだずっと残っている家なのだ。

→玄関。採光窓は、ル・コルビュジエ考案のモデュロールの比率で分割されている。

→玄関ホールから左手に入ったところにある居間。

住人も、つくり手の一員

住宅の継承には、さまざまな事情がかかわるが、持ち主や住人が、その住宅の魅力をよく理解していると、きっと継承の後押しになるだろう。よくわからないものを継承するのは難しい。

浦は、住宅の設計時から竣工後に至るまで、東京に住む吉阪と往復書簡によって、要望や確認の意思を度々疎通している。たとえば、この住宅の特徴の一つであるコンクリートの「くの字形」の柱の凹んだ部分の利用の仕方や、階段の寸法など、かなり具体的なところまでやりとりをしていたという。そもそも浦は、吉阪とフランスで感じたル・コルビュジエの精神を多分に共有していたであろうから、住人でありながらも、つくり手の一員のようなものである。

プロに任せきりにするのではなく、ものづくりの中身と思想を理解して、住宅を自分の考えの枠組みに位置づけることが、継承にとって大切なことなのだと思う。浦邸の玄関脇の手形は、「建築家も家族の一員」というふうにも見えるが、「家族もつくり手の一員」ということでもあるのではないだろうか。［二〇一七年一一月］

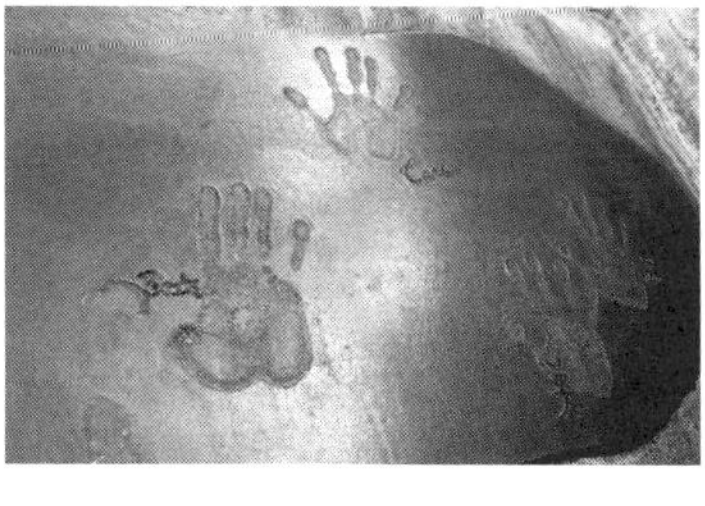

↑玄関脇にある手形。「ｔａｒｏ」「ＴＡＫ」のほかに、浦家五人、そして「ｔｅｔｓｕ」と刻まれた吉阪研究室の城内哲彦の計八つの手形がある。

浦邸——→P.56（写真），P.205（図面）

スカイハウス——菊竹清訓

Sky House——Kikutake Kiyonori

1958

宙に浮いている二階

空の家（スカイハウス）。ピロティによって、まるで二階が宙に浮いているように見えることから、この名前で呼ばれてきた住宅である。正方形のワンルームが、四本の鉄筋コンクリートの柱によって持ち上げられている。不安定な構造にも見えるかもしれないが、東日本大震災でもびくともせず、六〇年間、東京都文京区に建ちつづけている。なぜ宙に浮いているのか。

「スカイハウス」は、菊竹清訓の自邸として建てられた。最初は、夫婦ふたりだけの住まいだったことから、単純なワンルームでの暮らしも、問題はなかった。その後、子どもができたら、ワンルームに家具のような小部屋（菊竹は、「ムーブネット」と命名）を併設したり、二階から吊り下げたりすることによって、対応していく。実際、長女が生まれた後、子ども部屋のムーブネットが二階の床から吊り下げられたという。住宅の機能を外付けにすることによって、時を経た暮らしの変化に合わせて、カスタマイズできるようにしたのだ。

↑外観。もともと二階が宙に浮いたような構成だったが、今は一階のピロティも部屋として使われている。

その増築のための余白が一階であり、二階は宙に浮くことになった。

　こういった変化に対応できる建築の考え方は、生物学の言葉を用いて「メタボリズム（新陳代謝）」と名づけられた運動と軌を一《いっ》にしている。一九五〇年代後半から、高度経済成長期に入り、人口が増大するとともに、次々と新しい技術が生まれていった。その急速な社会の変化のなかで、一九六〇年に東京で開催された世界デザイン会議において、メタボリズムのグループが、時を経て更新される（新陳代謝する）都市や建築を提案したが、そこに菊竹も参加しており、スカイハウスは、それに先行してつくられた理念の結晶である。

　ピロティというのは、ル・コルビュジエが鉄筋コンクリートの建築表現の一つとして提唱したものだが、その利点として、地上階を自動車や歩行者の動線として開放できることなどを挙げていた。スカイハウスのピロティは少し違う。後から機能を外付けするための余白としてのピロティなのだ。しかも、スカイハウスも鉄筋コンクリート造だが、雨戸や障子などの建具によって環境をコントロールできる仕組みがある。一見、ル・コルビュジエに通じる典型的な近代建築にも見えるが、屏風などの調度や建具によってフレキシブルな住まい方をしてきた、日本建築との融合の産物でもある。

一階が生活の中心に

当初の意図通り、スカイハウスは時々の状況に応じて、新陳代謝を繰り返してきた。建

→二階。屋根はＨＰシェル。外を眺めているのは、菊竹清訓の長男夫妻。

スカイハウス——→P.58（写真），P.206（図面）

築家の自邸ということもあり、実験住宅の側面もあったのだ。ガラス張りのムーブネットが吊り下げられたり、コンクリートの床を吊り下げて駐車場をつくったり。しばらくして、家族の寝室やリビングは一階にまとめられ、中二階に玄関、もともとメインのスペースだった二階は生活空間ではなくなり、書斎と客間になっていった。

後に菊竹は、スカイハウスの向かいにある事務所の建物に居を移した。同じ建物に、長男夫婦も同居していたが、お子さん（菊竹清訓の孫）が生まれるタイミングで、長男一家がスカイハウスに住むことになった。菊竹清訓の没後も、長男一家が住みつづけている。

現在の生活の場は、完全に一階と中二階になっているという。宙に浮いている二階は、長男いわく、今ではスカイハウスの「象徴」だ。日常を過ごすこともなく、個人的な友人と過ごす客間でもない。住人といえども簡単には使わないから、「結界が張ってある」かのようだという。建築と建築家への敬意の表れだ。

宣言通り、新陳代謝する

住宅の寿命を長くするためには、物理的な耐久性が高いだけではなく、住人の暮らしの変化や、日々更新される技術や設備に、柔軟に対応できるようにすることも必要だろう。子どもが生まれたり、成長したり、親と同居したり、別居したり、まったく別の人が住み継いだり。トイレやバスルームなどの設備も、日進月歩で研究開発されている。

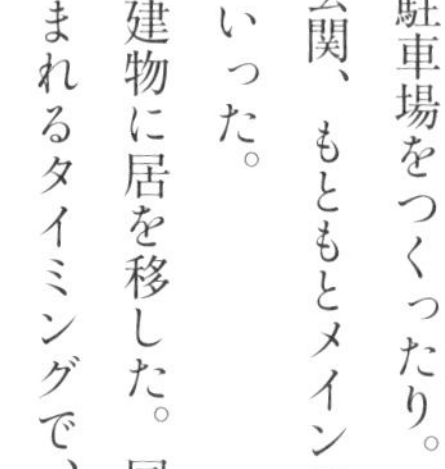

↑二階廊下。外周部には無双窓の仕掛けのついた雨戸がある。

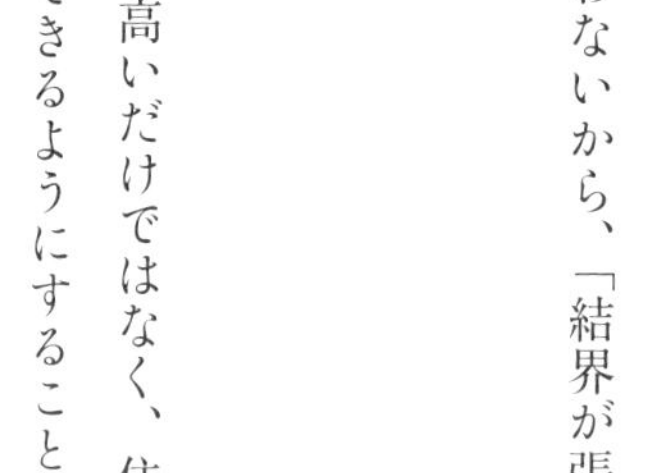

↑一階。もともとピロティだったが、今は室内化して、リビングとして使われている。

高度経済成長期、激変する日本社会のなかで、メタボリズム・グループは、生物のように新陳代謝する都市、建築、そして社会を提案し、スカイハウスだけでなく、個室のカプセルを増減できる中銀カプセルタワー（設計：黒川紀章）など、数々の実践もなされた。「変化の起こりそうな部分に関しては取り替える方式を、積極的に取り入れて考えることが必要」（『建築雑誌』一九九四年一一月号）と、菊竹も述べている。

メタボリズムには、「変化することもできる」というコンセプトを打ち出す前衛的なマニフェストの側面もあったと思うが、スカイハウスは実際に変化した。一階は想定通り増築され、今はむしろあまり宙に浮いているように見えない。しかし、それでよい。宣言通り、新陳代謝しているのだ。

生活スペースでもなく、客間としても使われていない二階には、現在、菊竹清訓の作品集や遺影が置かれている。まるで極東に咲いた近代建築の雄を祝う聖堂か。スカイハウスの二階は、時を経るなかで、その名の通り、まさに天に近い存在になった。［二〇一八年七月］

→中二階の玄関。螺旋階段を下りると一階のリビングにいたる。

→かつて小部屋（「ムーブネット」）が吊り下げられていた場所。入り口の穴がある。

スカイハウス ⟶ P.58（写真），P.206（図面）

感泣亭——生田 勉

Kankyutei——Ikuta Tsutomu

1964

詩が生まれた書斎

詩人・小山《おやま》正孝は、自分の書斎を「感泣亭」と名づけていた。青年時代から八六歳で亡くなる直前まで詩を詠みつづけた小山の創作の場だ。「深夜の書斎の中で僕は夕方の池での事を検証している」（『十二月感泣集』「池での事」、一九九九年）という起句など、詩にもたびたび登場している。その名の通り、この書斎から、「感泣」を誘う詩の数々が生み出されていった。今も、川崎市の元住吉に建っている。

この書斎のある住宅を設計したのは、生田勉である。東京大学で教鞭をとり、ル・コルビュジエやルイス・マンフォードなどの海外の建築書を翻訳したことでよく知られている学者だが、友人や新戚の家を中心に設計もしていた。詩人と建築家、似ているようで遠い職業のふたりを結びつけたのは詩人であり、同時に建築家でもあった立原《たちはら》道造との縁だった。

生田と立原は、高校の同級生であり、大学も同じ建築学科で学んでいる。立原だけでなく、生田自身も文芸誌の編纂に携わるなど、建築と文芸の二足の草鞋を嗜む者同士で気が

↑道路側の外観。右側が生田勉が設計した既存の木造主屋。中央の路地を挟んで、左側に増築部分。

合ったのか、特に親しい間柄だったという。

一方小山も、学生時代、少し先輩の立原の詩に魅せられていた。小山が出会ってから、九カ月足らずで立原は若くして急逝するが、その短い交友が小山に与えた影響は大きく、後に年をとった小山は「二十五才で死んだ立原の姿が私の心の中では、生きてゐる」と記している。

その立原とそれぞれの縁を持つ小山と生田が、立原の没後に編纂された『立原道造全集』（山本書店、一九四一～四三年）の編者として協働した。おそらく、その編集会議などで親交が深まったのだろう、小山の自邸を、生田が設計することに。感泣亭は、こうした詩人・立原道造をめぐる交友関係から生まれたものだった。

住宅街のなかの集まる場

小山が亡くなった後も、感泣亭は、そうした詩をめぐる交友を育みつづけている。小山を偲びつつ、現代詩を考える会として「感泣亭例会」が毎年開催され、小山没後も書斎を訪れる客が多いという。そうした状況を受けて、数年前に亡くなられた小山の妻・常子さんは、「私は元住吉から離れることはできない。この感泣亭を雨と風から守らなければならない」と決意した。

また時を同じくして、高齢の常子さんの一人暮らしを心配して、子息の小山正見さんと

→右側に小山正孝の元書斎、左側に集いの場。奥に住まい手の小山正見さんと奥さま。

→小山正孝の元書斎の窓から、増築部の集いの場を見る。

感泣亭——→P.60（写真）、P.206（図面）

奥さまは、実家に引っ越してくることにした。そのときに、改修と増築を提案したという。もともと感泣亭は、建設時はお金がないから小さくつくっておいて、後に周囲に増築ができるように、敷地の中央に建物を配置する、という意図で設計されたものだ。実際、竣工してから少しずつ増築されてきたが、まだ敷地内に増築できるスペースがあった。そこに、感泣亭例会を催せるような、人が集まる場を設けることになった。

増築部の設計は、若手建築家チームのEureka（エウレカ）と三浦清史さんが担った。彼らもまた、立原道造に魅せられ、立原が構想するも実現していなかった「ヒアシンスハウス」という小屋を、埼玉県さいたま市の別所沼公園に建設するプロジェクトに加わっていた。その縁で、プロジェクト参加者と面識のあった小山正見さんと知り合う。またしても、立原の縁。心の奥底まで届く詩は、共感する人同士の絆を、旧来の友のごとくに結びつけていくのか。

その集いの場は、靴履きで入る土間のような場所である。建具もガラス戸であり、感覚的にはほぼ外だ。他人の耳目に触れる、住宅のなかに生まれたパブリックなスペースになっている。

地域のネットワークも引き継ぐ

古い住宅に限ったことではないが、見知らぬ新しい土地に引っ越して来ると、近隣住民

→主屋の居間から、集いの場を見る。ベンチは造り付け。

→集いの場。煉瓦敷きの土間空間になっている。

との交流は、ゼロからのスタートになることも多い。

小山夫妻も、実家を住み継いだとはいえ、長い間、実家から離れて暮らしていたため、引っ越したばかりの頃は、近所の人たちとの交流が盛んだったわけではない。そこで地域の人々となじんでいくために、人が集まれる場を増築した。父を偲ぶ感泣亭例会のためでもあるが、住宅を地域に開くための増築でもある。この感泣亭の存在は、長いこと元住吉に住み、英語教室を開いていた母・常子さんのネットワークで広まっていった。夫妻は、家だけでなく、地域のネットワークも引き継いだのだ。

今では「感泣亭例会」、「お食事会」、「俳句会」、「盆景教室」などのさまざまな催しを実施する場所になっていて、すっかり地域交流の拠点だ。お食事会ではワンコイン（五〇〇円）でおいしい食事をいただける。家なのに、まるでカフェのようだ。評判は上々だという。

小山正孝は、老年の日常を山中閑居に見立てて、連作「山居乱信」（一九八六年）を詠んでいる。その連作は、いずれも「僕の家は破れ家だが／窓ガラスは透明にみがいてある」という二行ではじまり、窓の外の出来事を観察者のようにつづっている。今、小山の書斎の窓ガラスからは、増築された集いの場が見える。人のつながりが生んだ書斎から、人のつながりを育む光景が。もしそれを見たら、小山は、いったいどんな詩を詠むのだろうか。

［二〇一八年五月］

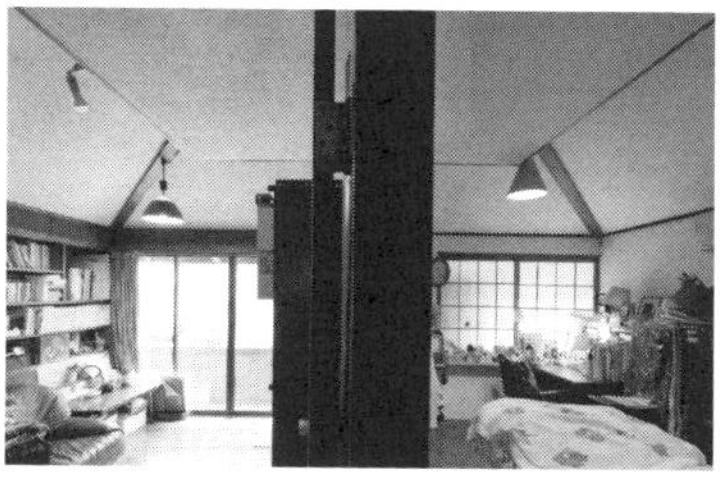
→主屋二階の個室。間接照明を仕込んだ折り下げ天井が二室で連続している。

感泣亭 ——→ P.60（写真），P.206（図面）

参考文献

河東義之「日本住宅の50年 その洋風化の歴史」『日本の住宅50年史』新住宅社、一九八三年。

布野修司「「方丈庵」の夢 原点としてのローコスト住宅」『小住宅集 小さくても豊かな住まい（住宅建築別冊39）』建築資料研究社、一九九〇年。

藤森照信『昭和住宅物語』新建築社、一九九〇年。

藤森照信『藤森照信の原・現代住宅再見』TOTO出版、二〇〇二年。

「加納邸」『新建築』一九五〇年二月号、新建築社（加納邸は、軽井沢A型住宅のこと）。

「旧加納久朗邸」『住宅建築』二〇〇九年七月号、建築資料研究社。

北村紀史「組立建築に見る技術をデザインする精神」『新建築住宅特集』二〇〇九年一〇月号、新建築社。

「試作小住宅」『新建築』一九五三年八月号、新建築社。

松浦隆幸「移築して住み継がれる現代住宅」『日経アーキテクチュア』二〇〇八年八月二五日号、日経BP。

「試作小住宅」『住宅建築』二〇一〇年一月号、建築資料研究社。

「白井晟一の「顧空庵」移築録」『TOTO通信』二〇一八年夏号、TOTO。

「コアのあるH氏のすまい」『新建築』一九五四年九月号、新建築社。

松隈洋「「透明性」のありか 増沢洵の「コアのあるH氏のすまい」をめぐって」『新建築住宅特集』一九九八年一月号、新建築社。

「コアのあるH氏のすまい シンプルな納まりを目指して（連載 家をつくる図面）」『新建築住宅特集』二〇一七年一一月号、新建築社。

清家清「（海＋山＋庭）×四季の暮らし」『家庭画報』一九六六年二月号、世界文化社。

清家清『「私の家」白書』住まいの図書館出版局、一九九七年。

「私の家／続私の家／倅の家」『住宅建築』二〇〇八年一月号、建築資料研究社。

園田高弘『ピアニストその人生』春秋社、二〇〇五年。

『JA 59 吉村順三』二〇〇五年秋号、新建築社。

「特別記事 音楽家の愛した小さな住まい 吉村順三の園田高弘邸」『住宅建築』二〇〇九年五月号、建築資料研究社。

林昌二『林昌二 私の住居・論』丸善、一九八一年。

「小石川の住宅「私たちの家」改修」『新建築住宅特集』二〇一四年七月号、新建築社。

伏見唯「小石川の住宅「私たちの家」改修 増改築のたすきをつなぐ」『TOTO通信』二〇一五年夏号、TOTO。

齊藤祐子『吉阪隆正の方法 浦邸1956』住まいの図書館出版局、一九九四年。

『JA 73 リノベーション、メタボリズム・ネクストへ』二〇〇九年春号、新建築社。

「スカイハウス 変わりつづける住まいの計画（連載 家をつくる図面）」『新建築住宅特集』二〇一八年四月号、新建築社。

大井隆弘「感泣亭 引き継ぐための増築」『TOTO通信』二〇一五年夏号、TOTO。

三、

気鋭の観念と理想を、引き受ける

――1970〜80年代

思索の深度が、継承の射程を決める

一九五六年度経済白書の「もはや『戦後』ではない」という言葉が象徴するように、日本は長い高度経済成長期に入る。五五年に日本住宅公団が住宅供給を開始し、六〇年代に次々と住宅メーカーが営業を開始するなど、戦後の懸念だった住宅不足は次第に解消されていく。同時に、東京、名古屋、大阪などの大都市圏に人々が移り住み、都市が刻々と変化するなかで、都心部ならではの住宅の在り方が模索された。

早いものだと、六〇年につくられた「正面のない住宅（仁木邸）」という、西澤文隆が設計したコートハウスがある。外壁で庭も住宅も囲うことで、都市部においてもプライバシーを確保しながら庭と室内を一体的に使えるようにしている。外壁によって、家を隠してしまうから、正面がない。六六年には、東孝光の「塔の家（自邸）」。都心の地価が高騰したため、わずか六坪ほど（約二〇平方メートル）の土地しか得られず、そこに六層ものコンクリート打ち放しの住宅をローコストで建てた。都市居住の高層化の必然性が、塔という象徴的な造形になって現れている。宮脇檀の「ブルーボックスハウス」（一六四ページ）も、都市から生活を守る殻としての箱（ボックス）の外観をつくり、内部には生活に合わせた自在な空間をつくるという、内外に異なる役割を与えたボックス・シリーズの一つだ。七〇年代には、こうした都市住宅の数々が、色とりどりに咲き乱れた。

また、戦後の小住宅の建設が社会の中心的な課題ではなくなってきた頃、篠原一男（一八四ページ）

が「住宅は芸術である 建築生産と対決する住宅設計」（『新建築』一九六二年五月号）という小論を発表した。住宅が芸術であることを読者に訴えかけた切実な内容である。終戦直後は、社会背景から住宅設計が建築生産の主流だったのに対し、当時はもう主流ではなく、主流である必要もないと述べている。むしろ無用なコンプレックスから解放された住宅の自由な展開が期待できるという。確かに、住宅不足や西欧化のような社会全体の流れが住宅設計に課題を与えてきた歴史があったが、逆に住宅設計が社会を変えるくらいの自由があってもよいのではないか。時には社会の流れを批判し、時には後押しし、あるいは密かに調整を図るなどの自由。篠原も、弟子の坂本一成（一八八ページ）もまた、あえて社会の流れからは独立した、人間という生物の省察を粛々と探究しているように見える。住宅を通して。その探究が、一つの時代に束縛されない住宅を生むのか。

社会に迎合しない観念の象徴のような住宅として毛綱毅曠の「反住器」（一六八ページ）や林泰義・富田玲子夫妻の「起爆空間」（六六年。現存せず）などがある。林・富田夫妻は、タイトルで分かる通りの個性的な建築を設計しながらも、自邸では個性がぶつからないように、産業や社会的な要請の産物の代表格ともいえるプレファブ住宅（一七二ページ）を選んでいるから、おもしろい。

ひな壇造成などの宅地開発によって自然が破壊されていることに対する反動の感情から、山全体で緑を残そうとする潮流にまで昇華させた、石井修の「目神山の家」（一九二ページ）もある。

これらは、個々の建築家が独自に選んだ主題を、深く掘り下げて考察した境地が具現化された住宅ばかりだ。社会状況が変わっても、それらの思索への共感があれば、継承されうる期間も長くなっていくのかもしれない。思索の深さが、時を超えるほどの長い継承の射程につながる。

ブルーボックスハウス——宮脇 檀

Blue Box House——Miyawaki Mayumi

1971

溢れ出る信念の「かっこよさ」

「かっこよければ、すべてよし」。宮脇檀が語った言葉である。当たり前だが、住宅には見た目だけではなく、居心地、使い勝手、構造、設備などのいろいろなものが求められる。もちろん宮脇も、それらの調整に頭を悩ませ、そのいずれにも向き合っていたに違いないが、結局は「かっこいい」という一言で住宅を語りきっている。それは単に見た目がよければよい、ということではなく、住宅はたとえば使いやすくて、居心地がよいことが重要だが、そのうえで、やはり目に見える形に収斂される「かっこよさ」を求めた。かっこいい人間も、容姿がいいだけではないだろう。不細工でもいいのかもしれない。全体のあり方に対する共感が、人に「かっこいい」という感情を抱かせる。

アパレルメーカーに勤める菅泉夫妻が、「すごくかっこいい」と感じ、一目惚れをして住み始めた住宅は、その宮脇が設計した「ブルーボックスハウス」だった。

この住宅は、東京・上野毛の国分寺崖線の斜面に建ち、その名前の通り、青いボックス

→青い外壁。二代目の住まい手によって、一度白く塗り替えられたが、ブルーに再度塗り替えられた。

が崖から飛び出したような形をしている。宮脇は、ほかにも「〜ボックス」という名前の住宅をいくつか設計していて、都市の中で住環境を守る、窓の少ない「箱」でありながらも、内部に豊かな空間を広げる都市住宅のシリーズを展開していた。その代表作の一つにして、最初の作品である。

外観は、いかにも「箱」だ。木々が茂る自然の斜面の中に、幾何学的で異質な形態が挿入されている。箱のような原初的な形態は、地と図の関係の「地」のような役割を果たすことがあり、露骨に自然と相反しているようで、むしろ自然を主役として引き立てることもありうる。そして中に入ると、箱の切り取られたところから斜面ならではの眺望が得られ、中央の階段室が光井戸のような役割で、奥まで自然光を行き渡らせている。宮脇いわく、「内部は徹底して生活のベクトルに合わせた」。外観から想像される、箱の内部のような単一でドライな空間があるわけではない。自然と人工物、内と外、混構造などの二つの概念を、二元論と称して調和させるのを、宮脇は得意としていた。緑豊かな斜面地にボックスを置くなど、強い信念がないとできない。その溢れ出る宮脇の迷いなき信念は、潔い。

時を経ても、まだかっこいい

ブルーボックスハウスの初代の住まい手は、カメラマンの早崎治だ。躍動感が溢れる選手たちが表現された、一九六四年の東京オリンピックの一連のポスターの写真が、よく知

→竣工時、円形部分には穴があいていて、竹が貫通していた。建築家・西澤文隆の妻が「(竹が)可愛そう」と言っていたという。

→居間。奥に住まい手の菅泉夫妻。

ブルーボックスハウス──→P.62(写真), P.207(図面)

られている。早崎が住んでいた頃、車庫には友人のグラフィックデザイナー・山下勇三の壁画が描かれていた（今はない）。ボックスと壁画が相まって、いかにもただ者ではない人が住んでいると思わせる、早崎らしい刺激的な住宅として生まれたのである。

早崎が撮影中の事故により急逝した後、住宅を受け継いだ二代目の住まい手は、「とにかくパワーが溢れていて、かっこいいと思った」（『家庭画報』二〇〇二年三月号）と語っている。その後、三代目の住まい手が水まわりなどの機能面を中心に改修を行い、現在は四代目として菅泉夫妻が住んでいる。

夫妻は、ともにアパレルメーカーに勤め、それぞれブランドを統括する立場にある。もちろんデザインへの造詣が深いが、ご主人はキース・ヘリングのようなモダン、奥さまは猫足のようなクラシックとのことで、好みに違いがある。そんなおふたりがブルーボックスハウスを見たとき、六〇〜七〇年代の薫りがする「レトロ・モダン」に思え、どちらの好みにも合うと感じたのだという。建築と服のデザインとではだいぶ勝手が違うが、アパレル関係の人に選ばれる建築デザインというのは、分野を超えても通じる分かりやすさがあり、一つの誉れだろう。分かりやすさと、理論の深さの両立も、宮脇らしい。

継承されやすいデザインはあるのか

もちろん継承されやすい住宅のデザインというものは一概にはいえないが、新しい住ま

→ラウンジピット。正面の棚は後の改修。

→居間からの眺望。斜面地のため、遠くまで見渡せる。

い手がデザインを気に入って購入することもあるから、蘊蓄は抜きにして、とにかくデザインが継承を後押ししているケースがある。

菅泉夫妻はもともと近くのマンションに住んでいたところ、郵便受けに入っていたブルーボックスハウスの売り出し広告を見て、そのデザインを気に入ったのが、購入に至る最初のきっかけだった。その後、散歩がてら、実際に見に行ったところ、室内からの眺望もすばらしく、一目惚れしたという。「建築のことはあまり詳しくなくて、単純にかっこいいとか、好きといった感性を優先させた」と夫妻は述べる。もともとマンションに住んでいたので、最初は戸建て住宅を購入するつもりはなかったそうだが、その考えを変える力が、この建築にはあった。

この住宅は、その来歴を見ても、やはり住人が素直に「かっこいい」と思えたことで、住み継がれてきた。あまり住宅に使われる褒め言葉ではないから、代々の住人が「かっこいい」と声を揃える住宅は、それほど多くはないだろう。こういう表現は理屈ではない。つい口をついて出るものだ。宮脇自身も使っていた言葉だから、きっと喜んでいるに違いない。［二〇一六年一一月］

→階段室。奥に見えるのは二階の中庭。中庭からの光を下階の居間まで落とす。

ブルーボックスハウス——→P.62（写真），P.207（図面）

反住器——毛綱毅曠

Anti-Dwelling Box——Mozuna Kiko

1972

観念の塊のような住宅

「反住器《はんじゅうき》」という奇妙な名前の住宅は、北海道・釧路に建っている。毛綱モン太（後に毛綱毅曠）が、一九七二年、自らの母堂のためにつくった住宅である。

奇妙なのは名前だけではない。箱型の建物の中に箱を入れるという、入籠《いれこ》状の構成の住宅なのだ。しかも、さらに内側に小さな箱のような家具を入れることで、三重の入籠に。

一見したところでは家にも何にも見えない、立方体の繰り返しである。立方体は、幾何学的な操作では単純に描くことができる図形かもしれないが、それを建築物にしようと思うと工夫を要する。幾何学の場であるユークリッド空間とは異なり、現実には、雨も雪も風も日の光もあり、そして地面は平らとはかぎらず、さらには人間もいるし、重力もある。そうした現実と折り合いをつけながらも、それをあまり感じさせないようにつくらないと、「えっ、これで大丈夫?」と驚くほどの純粋な立方体、まして入籠は建築化できない。

では、なぜそこまでするのか。それは毛綱が、そうまでして実践したい思想をもってい

↑一階から見上げる。八メートル立方、四メートル立方の入籠。さらに内側に、一・五メートル立方の家具があった。

たからだろう。たとえば毛綱いわく、「部屋が人間の容器であれば、部屋の内部にも又、箱、柵、器等多くの容器がある。あなたの生きている空間は、従って、器と器との間隙の空間（空相）なのである」。また、部屋を出ても、部屋と部屋の隙間で過ごしているし、都市に出ても、建物と建物の隙間に棲息しているという。つまり人間は、いつも隙間、毛綱のいう「空相」で生活しているのであり、そのことを立方体という器で明快に露にしようとしたのが、反住器なのだ。確かにこの住宅の中では、「私は今、箱と箱の間にいる」ということを、はっきりと意識する。

そして、一度その構成の中に身を置いていることを自覚すると、内側の箱を見ることで、外側の箱をも、なんとなく知覚できるというトリックも毛綱の意図通りだろう。先駆けて赤瀬川原平が発表した「宇宙の缶詰」（一九六四年。蟹缶のラベルを内側に貼り、外側全体、つまり宇宙が中身のように感じさせた）にも通じるような、アイデア一つで空間を拡張させる発想である。

このほかにも、箱の表裏を同時に知覚できることなど、多角的な意味が込められた前衛的な構成が、この三重の入籠だ。建築業界では、「鬼才」とはこの人のためにある言葉ではないのか、と思えるほどの驚くべき構想力が、反住器を生んだ。

じつはコックピットのような機能性

こうした、通例の住宅（住器）の機能とは無縁に見える構成を思えば、「住器に反する」

→内部の二重目の入籠の前にて。毛綱毅曠の妻・千恵子さんと、子息・康三さん。

→外側の箱と内側の箱の間。窓の形などが同じで、相似形のキューブが入籠になっている。

反住器 ——→ P.64（写真）、P.207（図面）

という名はしっくりくる。ただ、その「反住器」という名前にさらに「反」して、この住宅は、じつは機能的でもあると思う。たとえば、結果的に外側の箱は、北国で見られる雁木《がんき》や風除室のような雪除けの役割を担っているともいえるし、生活空間である内側の箱が外側の箱によって保温されるため、入籠は北国らしい構成ともいえる。そして、竣工してから他界するまで、毛綱の母がこの家に住みつづけたことが、機能性を何より示している。およそ家には見えない風貌であろうとも、人が四〇年以上も暮らした建築物に、住宅の機能がない、とは決していえない。

何度も反住器を訪れてきた毛綱の妻・千恵子さんも、箱と箱の間にある厨房は「どこにでも手の届く、ちょうどよい大きさ」と飛行機のコックピットのような機能性を語る。そして、祖母の死後、反住器を継承した毛綱の子息・康三さんも、変わった形の窓の開け閉めが、もう随分と手慣れているようだった。

尊重していても、ときには厳しく

建築家のコンセプトには、ときには実生活とは相容れないものがある。そうしたとき、生活していくなかで、そのコンセプトをどこまで尊重するのか。

反住器は、まさに観念の象徴のような構築物だが、毛綱の母は四〇年以上も、この家に住みつづけた。一見家らしくなくても意外に快適だったのと、やはり若くして急逝した息

→正面外観。釧路市内の住宅街に建っている。

→内側の箱の内部（多目的室）。もともと三重目の入籠の箱が置かれていた。右手の棚が、箱の材料を転用してつくったもの。

子の代表作に対する想いも強かったにちがいない。ただ、じつは三重の入籠のうち、いちばん内側の家具スケールの黄色い箱は、竣工後、早々に解体されている。部屋のど真ん中に箱があるのは、少々邪魔だったようだ。息子のコンセプトの中核（三重目の入籠）だったはずの箱だが、邪魔だと思えば、容赦がない。おそらく、かけがえのない大切な住宅だが、別に我慢して住んでいたわけではない、ということの表れか。そのバランスが、この住宅を長生きさせた秘訣だったのかもしれない。内側の箱は、黄色いまま棚につくり替えられた。そこには、息子・毛綱毅曠の写真が、今も誇らしげに飾られている。

九〇代の高齢になっても反住器で暮らしつづけた毛綱の母は、この住宅で亡くなった。日めくりカレンダーの日付はその日のままだ。まだまだ住みつづけるつもりだったのだろう。ちょうど、反住器の外壁を塗り直したところだった。「お母さん、きれいにして逝ったんだね」。今なお輝く純白のキューブを見て、たまたま通りがかった向かいの家の主人が、つぶやいた。［二〇一八年二月］

→収納の内部にも、黄色い元箱の材料が散在している。

→毛綱の母が亡くなった日付のままの日めくりカレンダー。

反住器——→P.64（写真），P.207（図面）

林・富田邸——大野勝彦＋積水化学工業

Hayashi & Tomita House——Ohno Katsuhiko & SEKISUI CHEMICAL

1972

建築家が選んだプレファブ住宅

工場で大量生産されるプレファブ住宅は、さまざまな住人を想定した融通性をもつ反面、無個性になりそうなものだが、そうでもない。生産を円滑にするため、骨格は規格化されているが、そこに住人自身がカスタマイズを加えることによって、時として一品生産にも劣らない個性が育まれていく。

そうしたプレファブ住宅の初期の代表例として、「セキスイハイムM1《エムワン》」がある。一九七一年、積水化学工業が現在の住宅事業に参入するにあたって開発した最初の商品だ。工場生産の建築や部品を研究していた大野勝彦（博士論文は『部品化建築論』）と協働し、画期的なプレファブ住宅を生み出すに至った。軽量鉄骨でできた単純な箱型のユニット（一二平方《メートル》）を工場でつくり、その基本ユニットをいくつか現地に輸送して、現場で自由に連結させていくというものだ。

もともとプレファブ住宅は、戦後の住宅不足や高度経済成長期の都市化などをきっかけ

→外観。木造の勾配屋根が増築され、プレファブには見えないが、一二のプレファブ・ユニットで構成されている。

とした、住宅需要の増大を受けて研究開発されたものであるはずだ。まずは急いで数を満たす。それがプレファブ住宅の一つの使命だったが、それだけではなくて、せっかく生産した住宅なのだから、良質なストックとして維持継承されていくことも当時から求められていた。そこで、M1のコンセプトとして掲げられたのが、「無目的な箱」だ。さまざまな家族に長く使ってもらうためには、何か特定の目的のためにつくられたのでは、細かい希望や変化に対応できない。一二平方メートルほどの「無目的な箱」を、住まい手自身が自由に組み合わせることによって、住まいを構築していく。その自由さが、長生きの秘訣だと目論んだのだ。

そのM1が開発されて一年後、このユニットを使って自邸をつくった建築家たちがいた。林泰義さんと富田玲子さん夫妻、そして林さんの妹・のり子さんの三人が建築家で、林さんのご両親および両夫妻、その子ども、三世帯九名の住宅だった。

なぜ独創性豊かにちがいない建築家たちが、大量生産のプレファブに注目したのか。それは林さんの母からの助言があったからだという。「建築家が三人もいたのでは喧嘩になって話がまとまらないのではないか」というものだ。続いて「設計する代わりにプレファブを選んだらよいのではないか」という提案があった。もともと住んでいた古い洋館は、大家族には狭く、雨漏りもあったので、早く住み替えたい。工期の短いプレファブは都合がよかったともいう。そこで建築家たちが考えたのは、「どうせなら、最もプレファブらしい住宅を」。箱を積み重ねていく、いかにも工業製品という印象のM1が選ばれた。

→ユニットの天井を外し、勾配屋根を掛けた二階居間。現在も住みつづけている林泰義さんと富田玲子さん夫妻。

→林のり子さんの居住スペース。鉄骨の螺旋階段は、M1の仕様ではなく独自に取り付けたもの。

林・富田邸——→P.67（写真），P.208（図面）

プレファブ住宅を、増築・改修

全部で二一ユニットある。林・富田夫妻の家族が八ユニット、林さんのご両親が九ユニット、妹家族が四ユニットという内訳だ。箱の組み合わせでき上がっているが、住人は建築家だから、自己流のカスタマイズも、多々行っている。たとえば、積み重ねたユニットの床と天井を抜き、螺旋階段を設置した吹き抜けがある。住みつづけるなかで部屋数を増やすために、木造の小屋をユニットの上に載せたり、店舗のための小屋も併設している。もはやプレファブ住宅には見えない。大野勝彦や積水化学工業の想定の枠を出た、個性豊かな住宅になった。

また、世帯ごとにユニット群によって居住域を分けているが、所有権は分けずに、最初から土地とともに共有名義で登記している。結果、家族構成や年齢に変化があったときに、一部のユニットを別の世帯に渡したり、地域の人たちが訪れることができるサロンやカフェにするなど、融通の利く使い方ができている。所有者の団結を前提とするが、全体を自由に運用できる一つの選択肢ではある。

プレファブから、ポスト・ファブリケーションへ

「林・富田邸」では、平常時からさまざまな改修を進めている。二階の屋根の一部に木

→M1の床と天井を抜いた吹き抜けの見下ろし。

→緑と青のボーダー柄の壁紙は、当時のM1のもの。

造の部屋を載せたために、その下の梁の端部に方杖《ほうづえ》をつけたり、柱間に筋かいを設けて構造補強を行ったりしている。その一階をサロンやカフェなどの非住宅の公共的な施設として用いているため、高い耐震性を求めたのだ。古い住宅を、一度に現代建築にカスタマイズするのは、費用面でも、労力の面でも、負担が一時に集中してしまう。継続的に改修を続けることで、負担の集中を軽減し、いつも最新の状況にフィットしていくものになるのだろう。

現在、林・富田夫妻の孫も大きくなり、さらに妹・のり子さんが運営するパテ屋の従業員、「えんがわ・inn」というカフェのスタッフもいる。多くの人が住み、多くの人がかかわっているこの住宅は、その人々に合わせて日々新陳代謝しつづけている。

竣工してから今まで、少なくとも七回は増築・改修をしてきたという。今後も引きつづき住み継いでいけるように、現在も二個のユニットに筋かいを入れて、構造補強をしている最中だ。ただの箱、という明快な構造体だからこそ、増築や改修もしやすい。まだ最初の住まい手が住みつづけているが、いつでもバトンタッチできるように、日々「継承中」の住宅である。

何度も増築や改修を続けているプレファブ住宅は、もはやプレファブではないのではないか。いわばプレならぬ、ポスト・ファブリケーションを続ける住宅になっている。

［二〇一八年六月］

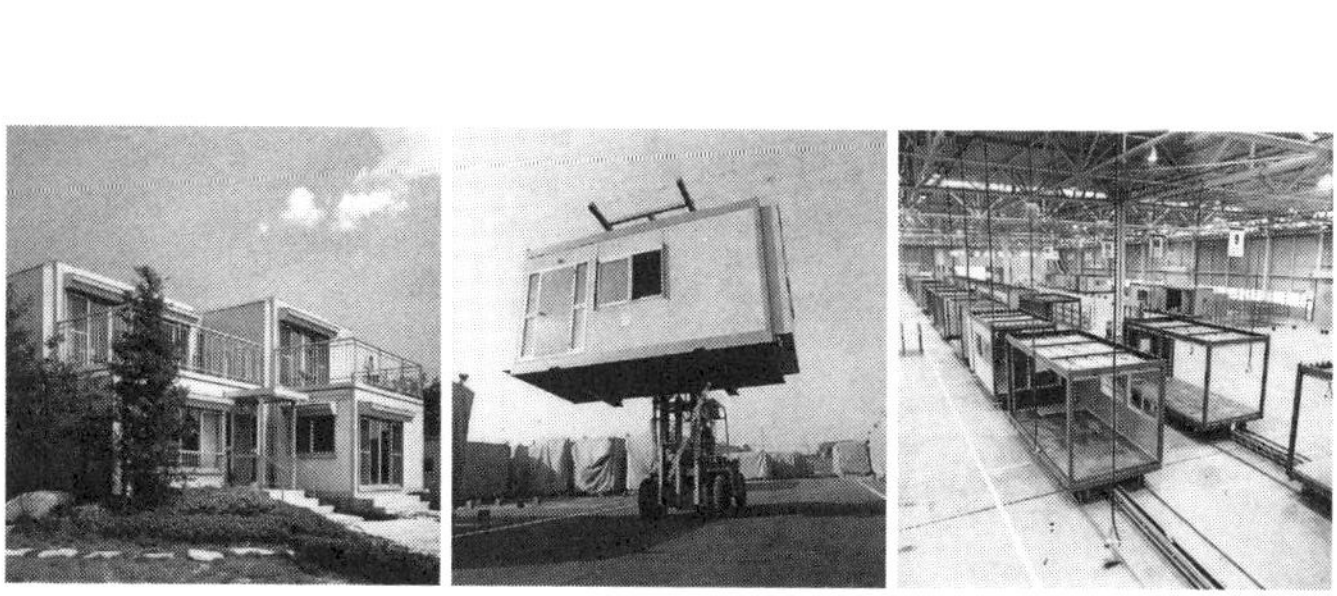

→居間や寝室などの各部屋となるユニットを工場で生産し、現場で組み立てるユニット工法。（提供／積水化学工業）

林・富田邸——→P.67（写真），P.208（図面）

大和町の家——室伏次郎

House in Yamatocho——Murofushi Jiro

1974

清貧の裸形に惹かれた

「戦後の焼け野原を目の当たりにした僕らの世代には、木造に対する恐れがあった」。そう語るのは、コンクリート打ち放しの「大和町の家」を建てた、前住人の中原洋さん（八二歳）だ。三〇代後半の頃、大手広告代理店にコピーライターとして勤め、奥さまの道子さんは大学教員、そろそろ家を建てようという年齢と立場になった夫妻は、建築のことを調べはじめた。おふたりとも職業柄、プロフェッショナルの世界をよく知っている。どうせ家を建てるなら、徹底的に調べる。数々の建築を見るなかで、惹かれたのは、コンクリート打ち放しだった。

当時、「塔の家（東孝光自邸）」「北嶺町の家（室伏次郎自邸）」などの建築家の自邸をはじめ、コンクリート打ち放しの建築が注目されていた。外装にも内装にも何の仕上げもしない構造むき出しの住宅だ。本人たちとしては、裕福ではない駆け出し時代のやむを得ないローコストの選択だったと聞くが、それと同時に、虚飾のない建築の実直な裸形を感じさせた

↑二階の居間・食堂。壁に大きな穴が穿たれ、階段室と空間がつながっている。現住人（二代目）の平野一家。

ことだろう。

同じようにお金がなく、木造を避けていた中原夫妻にとっても、そのコンクリート打ち放しが魅力的に見えた。戦争体験から、質素に暮らすことが当たり前だったこともあり、仕上げ材がなく粗い構造体が露出した姿も、いわば清貧に思え、好感をもったという。そこで先んじてコンクリート打ち放しの自邸を建てて住んでいた室伏次郎に、設計を依頼することになった。

実際に設計がスタートすると、中原さんは、設計の工夫の数々に驚いた。「大和町の家」は、わずか一九坪ほどの小さな敷地のなかに四枚の壁が並列することで成り立っている。その壁と壁のあいだは、廊下のような細長いスペースだが、壁に穴が穿たれていることにより、狭く感じない。家全体の幅も六メートル（奥行き七メートル）ほどしかないが、それ以上に広く感じられるのは、人間は視線の途中に何かを置くことで、実際の長さよりも距離を感じるという傾向を、うまく応用したためだ。壁が、空間をある程度は閉ざしながらも、感覚的にはその空間をむしろ広げる効果を担っている。

玄関を開けるなり、気に入った

その後、三〇年ほど経ち、奥さまの大学退職にあたって、研究室から五〇〇〇冊以上の本を自宅に持って帰ってくる必要に迫られ、中原夫妻は、新しい住宅を求めた。その代わ

→居間・食堂と台所のあいだの壁面。

→玄関から見た階段室。正面の扉から半地下の一階に至る。

大和町の家 ──→ P.69（写真）, P.208（図面）

り、「大和町の家」を売りに出すことに。その売却の情報をたまたま雑誌で見たのが、現住人の平野夫妻だった。

ご主人は、見学に行った際、玄関扉を開けるなり、すぐに気に入ったという。玄関でも、同じく壁と壁に挟まれた細長い空間が広がるが、三階までの吹き抜けが視線を上に向けさせ、その上方からは大きな窓をとおして光が降り注いでくる。コンクリートのむき出しの壁は、光の演出を素直に受け入れているようだ。

また、作曲や楽器の演奏をする平野さんにとって、元書庫の半地下を防音性のあるスタジオにできることも、この住宅に住まう利点だった。現在、このスタジオでは音楽教室が開かれ、近隣の子どもたちが通っている。共働きの中原夫妻が住んでいた頃は、都市住宅らしく、あまり近隣とのつきあいはなかったが、今では子どもをとおして地域に開かれた住宅になっている。「あの建物は、住宅だったのか」と、今さら驚く近隣住人もいるという。

建築家の思想を付加価値に

有名な建築家が建てたとしても、ほとんど土地の値段だけで売買され、建築の資産価値が認められないことがある。そんななか、「大和町の家」は「建築家が設計した住宅」ということで、付加価値をアピールして売りに出された。仲介のタカギプランニングオフィスは、「室伏次郎」の名を明記して販売した。その思想も紹介している。その販売情報を

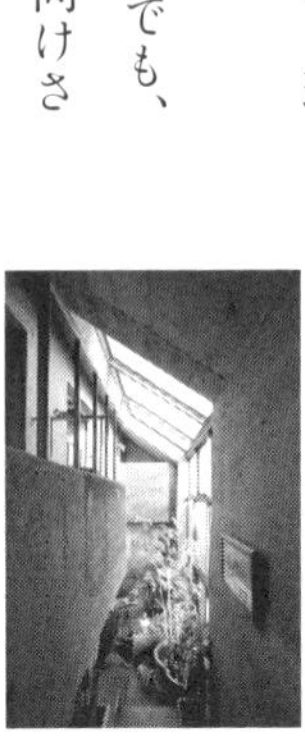
→三階から階段室を見る。壁から天井まで続く大きな窓から、光が降り注ぐ。

→半地下の一階。書庫から音楽スタジオに改修された。

掲載したのが『ＴＩＴＬＥ』二〇〇四年四月号（文藝春秋）だった。「有名建築家の中古物件只今、売り出し中！」という記事で、三軒の住宅（ほかに宮脇檀、横河健）が紹介されている。平野さんは、その記事を偶然目にし、購入することになったのだ。

住宅を建てた建主や建築家は、さまざまな想いをもっている。それらがなかったことにされるのは、やはり寂しい。こうした建築家や建主の当初の思想が理解されたうえで継承されれば、本望だろう。

最初の住人の中原さんは、現代アートのコレクターであり、そのコンクリートの壁面には、数々のアートが飾られていた。美術館特有のホワイトキューブではなくても、不思議とコンクリートの壁はアートと喧嘩しないのか。コンクリート打ち放しは、個性溢れる特殊な仕上げのようで、むき出しの裸形であるから、むしろいろいろな物と調和するのかもしれない。

新たな住人の平野さんのもとでは、コンクリートの壁には新たに打楽器が飾られ、それもまた悪くない。ときには子どもたちのにぎやかな声も、反響している。［二〇一八年三月］

→外観。中原夫妻が居住している頃に、雨漏りを防ぐために、断熱を兼ねて外装を施している。室伏は、コンクリート打ち放しに「レインコートを着せる」と表現したという。

 →P.69（写真），P.208（図面）

新・前川國男自邸

Mayekawa Kunio House——Mayekawa Kunio

——前川國男

1974

木造の自邸から、RCの自邸へ

前川國男が、高齢になってから設計した自邸である。「前川國男自邸」といえば、江戸東京たてもの園に移築されている木造の自邸（一九四二年竣工）が有名だが、この自邸は年の離れた奥さまが安心して住めるように、耐震性も考慮した鉄筋コンクリート造で建て直したものだといわれている。いわば「新・前川國男自邸」。東京の品川区上大崎にある。

まるで長い建築家人生の集大成のように、随所に過去の経験が生かされた住宅であり、特に旧自邸の特徴だった大きな居間を中心とした平面構成や、室内と前後の庭とのつながり、玄関ホールと居間の間の大扉などは、そのまま踏襲されている。また、曲線を用いた塔屋の造形など、前川の師であるル・コルビュジエの影響もなんとなく感じられる。ビルや美術館などの規模の大きな建築をつくってきた前川が、久々に住宅を、しかも鉄筋コンクリート造でつくるとなれば、師のもとにいたのは四〇年以上前とはいえ、ル・コルビュジエを意識せざるをえなかっただろう。

→食堂から、居間を見る。ソファに座るのは、住人のエドワード・コールさん。

現在、この住宅に住んでいるのは、オーストラリア出身のエドワード・コールさんという弁護士だ。コールさんによると、居間の湾曲した天井は、前川の代表作の一つである紀伊國屋書店新宿本店ビルのバルコニーと同じカーブを描いているという。逆向きのカーブだが、紀伊國屋の竣工は一九六四年だから、あり得ない話ではない。コールさんは、前川が設計した建築を訪ねては、自身が住まう新・前川自邸との共通点を探し、「そういう発見は、すごく楽しい」と語る。

家は住むだけではない、アートは見るだけではない

あまり日本では「住文化を楽しむ」という習慣が浸透しているとは思えない。好みの家に住むだけではなく、たとえば部屋を飾る花に日々悩み、壁に掛けるアートを探し求めて画廊に通い、家に似合った照明や家具にこだわりながら、そうして自分でしつらえた家を少しずつ育んでいくような。

コールさんは、そうした住文化を楽しんでいる。母国をはじめ、ロンドンやサンフランシスコなどの各地で、こだわりの家に住んできた経験がある。「日本にいる間は、日本の住宅や建築家について詳しく知りたかったのです。そういう知識があると、住むことがより楽しくなります」とコールさんは語る。楽しむためには、情報収集することもいとわない。そんなコールさんが、日本の住宅として新・前川自邸を選んだ。

→書斎から、居間を見る。食堂・居間・書斎の三室は部屋境の建具を開けると一室につながる。

→玄関から居間にかけてのアプローチ。旧自邸と同じ大扉。

新・前川國男自邸 ——→ P.71（写真）, P.209（図面）

コールさんの暮らし方にも、こだわりがある。たとえば、オリジナルの魅力を活かすことを意識している。新・前川自邸は、前川夫妻の没後、コールさんが住むことになるまで、住まい手が何度も替わってきたが、その間に改修されたところがたくさんあった。そのため、オリジナルとは異なる状態になっていたので、コールさんは照明や庭の灯籠などをオリジナルに戻している。ただそれは、必ずしも復原そのものが目的なのではなくて、「この住宅に似合わずにかえって目立ってしまっていたものを、ふさわしい状態に戻したかったからだ」という。オリジナルではなくても、十分になじんでいれば問題ない、という考えだろう。

またコールさんの見立てでは、少し洒落たものを置かないと、この家のよさがわからない、との想いがあることから、住宅に合った家具やアートも日々探しているという。その過程もすごく楽しいのだそうだ。衝動的に手に入れたものを、この住宅にどのように置くのかを考えたり、アートの購入がきっかけで人とのつきあいが生まれたりしているらしい。コールさんいわく、「家は住むだけのものではないし、アートは見るだけのものではないと思います」。

心を一《いっ》にしたキーパーソンたち

よい立地に建つ住宅は、高級マンションなどに建て替えられて運用されることがある。

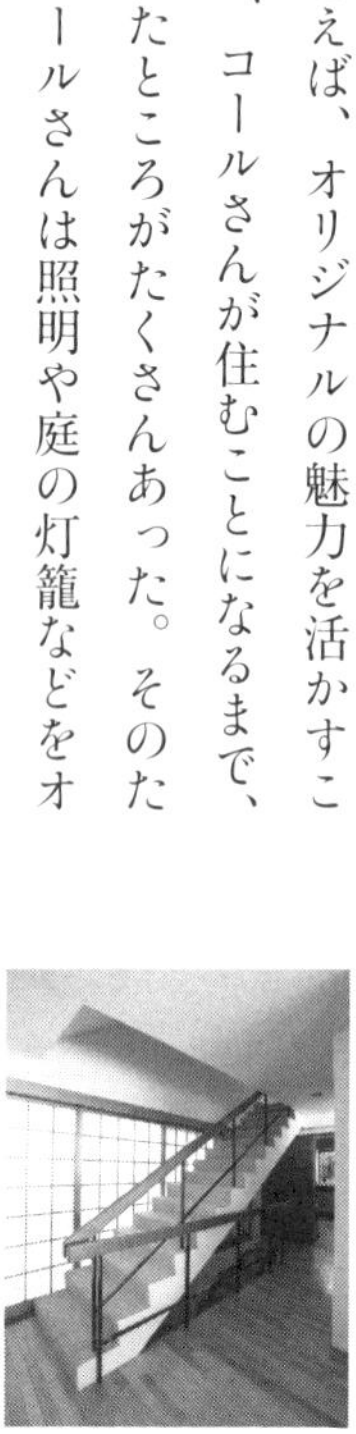

→階段。絨毯敷き。居間の床の木のフローリングも、もとは絨毯だった。

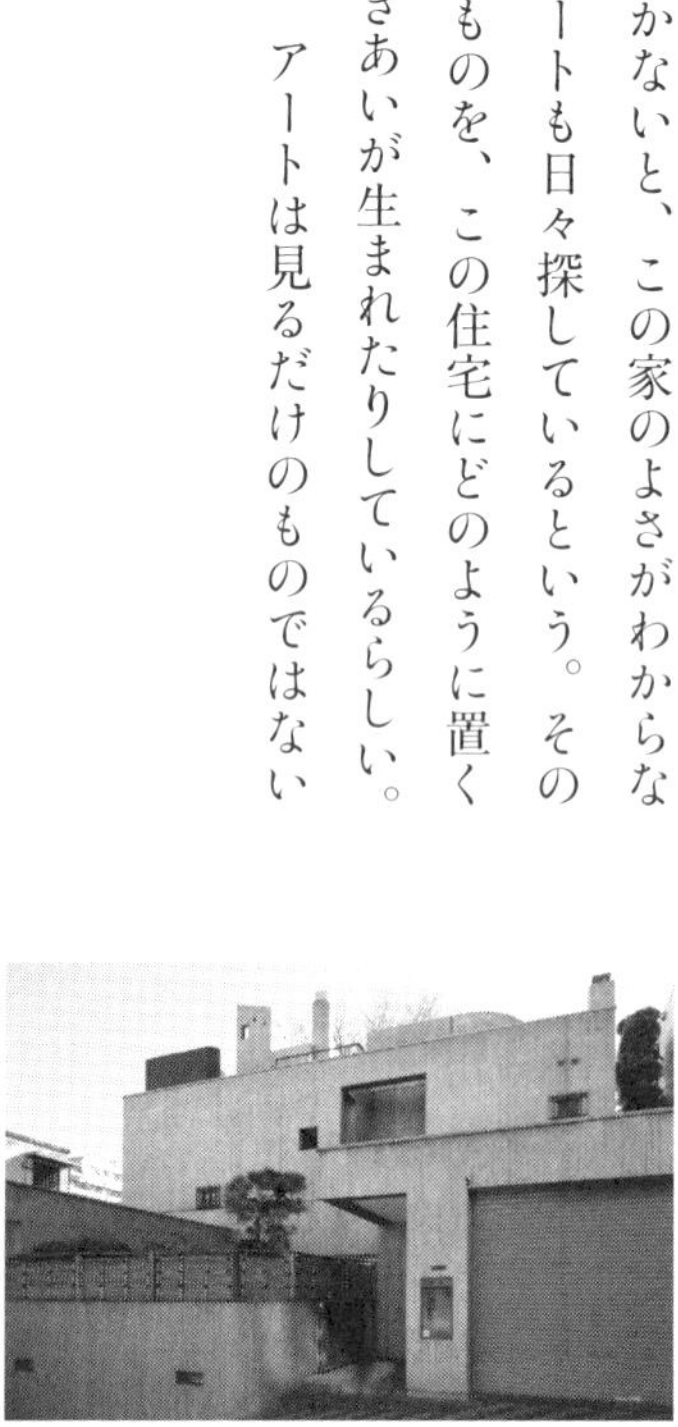

→外観。前庭の脇に玄関がある構成は、旧自邸と同じ。

そちらのほうが「儲かる」としたら、その建て替えを止めるのは難しく、住宅を守るには強い意志をもったキーパーソンの存在が重要だろう。

新・前川自邸は、前川夫妻の没後に相続した親族が、外国人向けの賃貸住宅として活用していたが、その賃借人として住んでいたアメリカ人のストック夫妻が、キーパーソンだった。夫妻は、前川家から開発業者であるディベロッパーに住宅が売却されたとき、建物の存続に危機感を抱き、建築の専門団体に手紙を出した。

その手紙をきっかけとして、前川國男の研究者である松隈洋さん、そして近代住宅の研究者であり、建築と不動産を扱う会社の経営者でもある木下壽子さんに情報が伝わる。松隈さん、木下さんも、この住宅をなんとしても残したいと思い、ディベロッパーから新オーナーの手に渡るように迅速に動いた。新オーナーも想いを同じくし、住宅の継承に至った。

茶室や茶器、座敷飾りに凝るのは、人を招いて交流の場を生み出すためでもあるように、住宅に凝るのも、そこに住むことをとおして、来客が増えたり、新たな知識が増えたりすることにつながるからでもあるのではないか。派生する楽しみがある。［二〇一六年五月］

→屋上。造り付けのベンチや曲面など、コンクリートの造形が際立つ。

新・前川國男自邸 ——→P.71（写真），P.209（図面）

上原通りの住宅
House in Uehara——Shinohara Kazuo
——篠原一男

1976

理外の理を求めた

大きなコンクリートの柱が、家の中央に鎮座している。台所から食堂に食事を運ぶとき、あるいは玄関から居間に抜けるときなど、このコンクリートの構造体を避けて通らなくてはならない。一見したところでは、「生活の邪魔になるのではないか」と思う人も多いだろうが、実際はそうとも限らない。現住人の大辻哲郎さんいわく、「このコンクリートに頭をぶつけたことはない」。

この東京・代々木上原の住宅を設計したのは、篠原一男だ。「住宅は芸術である」という有名な言葉を残し、ひときわ大胆な表現や、それを裏打ちする理論を縦横に展開した。たとえば、日本の伝統建築に魅せられていた篠原は、その空間性に強い関心をもっていたが、同時に幾何学的な抽象美にも傾倒し、代表作の一つ「白の家」(一九六六年)では、大黒柱や心柱のようなスギ丸太が白い空間のなかにポツンと立ち、柱を象徴的に際立たせた構成になっている。時代にそぐわないこともある日本建築の要素を抽象化することで、日常

→巨大なコンクリートの柱と斜めの方杖越しに居間と食堂を見る。奥に、現住人の大辻哲郎さんと誉子さん。

生活との融和を図った。

そんな指折りの表現者、そして理論家の篠原は、この「上原通りの住宅」をつくる頃には、あえて一つの理論で統合しきらない「ずれ」を意識するようになった。ここでは、コンクリートの器をつくる構造の理と、生活の下地となる平面、間取りの理とが「ずれ」ている。平面の事情とは無関係に構造的な理由で柱を配置した結果、室内の通り道に巨大なコンクリートの柱と斜めの構造体が横たわることになり、一見不便なものに。なぜか。篠原は「前もって計測できない空間の働きをつくる」と述べている（『新建築』一九七七年一月号）。

その働きは、いわば「理外の理」のことだろう。長い時間を人間が過ごす住宅が、設計時に予測された通りに使われるとは限らない。構造的な合理性で配置された柱や梁が、生活や心理面でも、思わぬ効果を生み出すかもしれない。歴史を顧みると、日本の古い民家にも、大黒柱や恵比寿柱が家の中央にあり、太い梁がかかる小屋裏を養蚕の場や倉庫として使うこともある。そうした家を支える大きな骨格を避けて暮らすことは、昔から自然なことであり、邪魔どころか、信仰的な意味も付加され、ときには不可欠な心の支えにもなってきた。その歴史は、もちろん誰かが計画したものではなく、風土に少しずつ根づいてきたものであるが、それと同じような働きを、篠原は求めたのだろう。

個人の創意が際立つことの多い建築家の作品において、本来長い時間をかけて共同体のなかで築かれる理外の理に到達しようとする篠原には、住宅を徹底して究めようとする求道者の感すらある。

→台所から居間を見る。動線上に方杖。

→方杖に乗る哲郎さんの娘さん。

上原通りの住宅——→P.73（写真），P.209（図面）

それでも、愛着の対象に

そうした理外の理が実際にあったのかどうか。築四〇年ほどを経て、それを確かめうる時間はすでに経過している。

まず、この住宅の建主である写真家・大辻清司は、住み始めた頃は「（住宅との）初対面同士のぎこちなさ、気まずさ」があったというが、しばらくすると「いまはもう、なじんでしまって、蜜月も終わりぐらいの、気心のわかりはじめたころ合い」に感じたという。方杖《ほうづえ》によって切り取られた三角形の窓から見る空も、気に入っていたようだ（『アサヒカメラ』一九七六年十月号）。

大辻が亡くなった後、この住宅は、一階の元スタジオに奥さまの誠子さん、二階、三階に長男の哲郎さん一家が暮らし、住み継いでいる。この住宅で暮らしている感想を伺うと、「もともと収納スペースがないうえに、斜めなところが多いから、住み手の創造意欲が試される（笑）」と、哲郎さんは明るく語った。一方で、娘さんはまるでハンモックでくつろぐかのように、コンクリートの塊に乗っている。この柱は邪魔どころか、もはや明らかに愛着の対象である。

一時的な便利さだけが、ものの価値を決めるわけではない。一見邪魔にも思えた巨大な柱は、長年生活をともにするなかで、すっかり大辻一家となじんでいる。

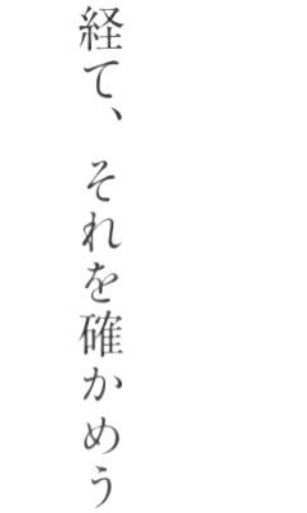

→玄関に向かうアプローチ。トップライトがあり、明るい。

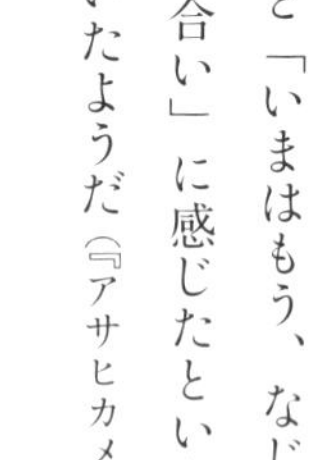

→玄関扉。方杖に合わせて斜めに。

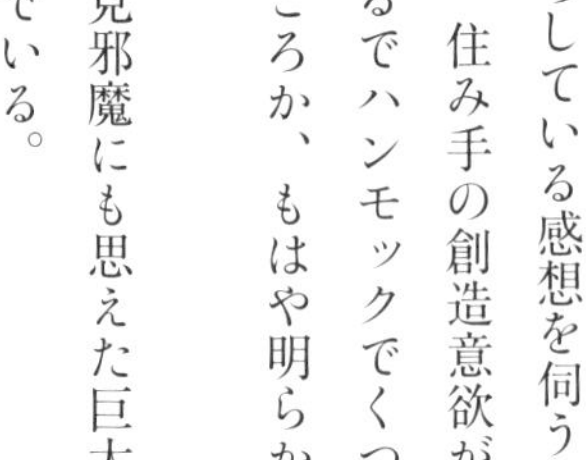

→外観。半円形の三階は、計画途中で付加されたもの。

子どもの頃の思い出が、よみがえる

哲郎さんにとって、子どもの頃に暮らした記憶が、この住宅を父から受け継ぎたいと思った理由の一つだったという。子どもの頃の部屋は、半円形の三階。この部屋は、二階の家族のスペースからも離れ、秘密基地のようでもあり、最高の個室だったに違いない。ふたりの妹からも羨ましがられ、哲郎さんが家を出た後は、すぐに長女が三階に移ったという。時を経て、父が亡くなり、次女が家を出たタイミングで、哲郎さんは家族とともに、この実家に戻った。家族や家全体への想いとともに、三階の部屋への愛着もあったという。子どもの頃と同じように、再び半円形の部屋が、哲郎さんの「秘密基地」になっている。

三つ叉のコンクリート柱、半円形の三階は、どちらも普通の住宅にはない変わったものだが、これだけ長く住まわれつづけると、古民家の大黒柱と同じ、気持ちのより所となるような存在にまで昇華しているようだ。理屈で心を動かすのは難しいが、理外の理には、こうした効果があったのか。［二〇一七年一〇月］

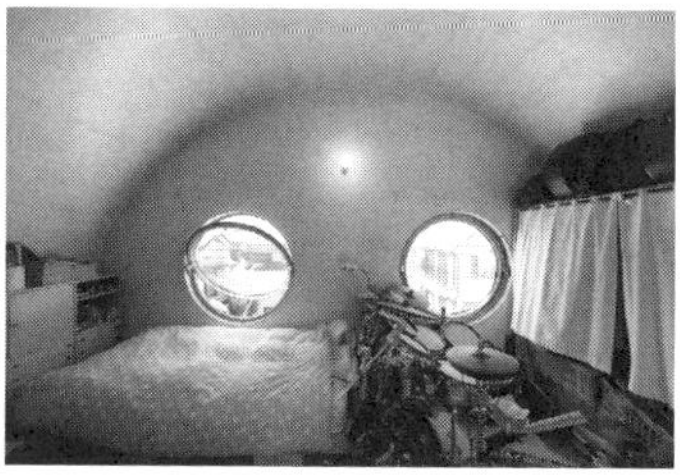

→三階の寝室。子どもの頃と同じく、哲郎さんの部屋。

上原通りの住宅——→P.73（写真）, P.209（図面）

代田の町家——坂本一成

House in Daita——Sakamoto Kazunari

1976

意味を消せば、時代を超えられる

日本の現代建築に強い関心をもっていたノルウェー出身のアーティスト、ガーダー・アイダ・アイナーソンさんは、ある日、自身の美意識とぴったり合う住宅に出合った。ニューヨークと東京を行き来して活動していたアイナーソン夫妻は、お子さんの誕生をきっかけに東京を拠点とすることになり、いくつもの住宅を見てまわった。目に留まったのは、かつて七〇年代に坂本一成が設計した「代田の町家」だ。相性のよさもあるが、この住宅がもつ、ある種の普遍性が、新しい住人を誘ったのだろう。

「代田の町家」の普遍性とはなにか。この住宅は、「意味を剝ぎ取る」ことを意識してつくられたのである。一般的に、住宅をかたちづくっている材料は、単なる物質であるだけではなく、いろいろなイメージや先入観を帯びている。たとえば、大理石からは高級な洋風の印象を受けるし、木目の板材からは伝統的な日本の意匠を連想するかもしれない。材料に、社会や個人が「意味」を付加しているということだ。それは必ずしも悪いことでは

→一階の「主室」から北側を見る。奥に「外室」と呼ばれている中庭。住人のアイナーソン一家。

ないが、ある時代の風潮や、特定の個人の価値観が反映しているということでもあり、時には窮屈にも感じる。坂本は、その「意味」を、できるだけ住宅から感じさせないように努めたのである。たとえば、床の大理石においては、小規模な住宅に、しかもほとんど装飾のない「高級な洋風」と異なる雰囲気のなかで、大理石を床一面に用いることで、「高級な材料」という「意味」を消している。また、壁に張られた木の板も、ペンキで白く塗ることで、木の素材感が人に与える印象を和らげている。そこには、もはや「床」、「壁」という抽象的ともいえる構成のみが、存在しているかのようだ。

こうして「意味」を剥ぎ取られた住宅は、何々風とか、何々様式といったイメージから解放された、純粋な器として自立しているように見え、だからこそ、普遍的な家のあり方の一つにも、感じられる。

建築家の思想に共感した、新しい住まい手

二〇一三年春、竣工以来、「代田の町家」に長年住みつづけていた前住人が高齢になり、転居したため、この住宅は、家付きの土地として売りに出されていた。土地だけに価値を見出した売買がなされ、住宅が取り壊される危機にあったのである。名作の危機を前に、多くの人が継承を望んだ。そして、設計者である坂本自身も、その一人であり、若き日の作品がなくなることを惜しんだ。緻密な研究の末に生まれたとしても、住宅はすでに自立

→「主室」の南側。プライバシーを配慮した高窓。窓の下には、ベランダ状の中二階が張り出している。

→二階の「間室」。継承にあたって、天窓や壁の補修などが行われた。

代田の町家 ——→ P.76（写真），P.210（図面）

し、生みの親である建築家にも、匿名の良作と同じように、失われることに対して惜別の念を抱かせたことだろう。

そうした想いが溢れるなか、アイナーソン夫妻は、この住宅を一目見るなり気に入った。新しい住まい手を探すための見学会に参加していたのである。「美しい家だと感じた」と夫妻は語る。さらに、この住宅にとって恵まれていたことは、夫妻が建築家の思想に対する優れた理解者だったことだ。「住んでいると、坂本さんの考えがよくわかります。たとえば、中庭を部屋の一部のように扱っているので、一階は内外の境なく人が集まれるスペースになっていて、使いやすい。風の通り方や光の採り入れ方も含めて、人が住むことを、すごく研究されたのだと感じます」。

また、外装はブルーグレイに塗り替えられていたが、せっかくだからオリジナルに戻したいという夫妻の強い希望で、もとのシルバーに復原された。そして、そこに夫妻のシルバーの車が停まっている。じつは、もともと前住人がポルシェ９１１を買う予定だったので、坂本はそれを想定した設計をしていたという。ただ、結局はジャガーを買ったらしい。その話を聞いて夫妻は、もともとポルシェ９１１を所有していたこともあり、「よりマッチするように外装と同じシルバーに買い換えた」。そこまでするか。住宅の質と向き合った継承である。

↑「主室」の南側のベンチ。北側の「外室」のベンチと対になっている。

↑一階の「間室」。玄関や廊下のスペースだが、幅が広く、用途が限定されない造り。

建築家本人の意志が、後押しに

継承が求められている昔の住宅を設計した建築家は、すでに他界していることもあるが、現在も活動中の建築家が設計した過去の作品のなかにも、もちろん名作はあり、それが取り壊されそうになることもある。

「代田の町家」もその一つだった。最初の住まい手が高齢により転居され、その後、この住宅が「上物付き土地」として売りに出されていることを知ると、坂本は、一時は自分で購入することを検討するほど、継承への想いを強くもったが、しばらくして「次の住まい手を探せないか」と住宅遺産トラスト（二一九ページ）に相談をもち掛けた。協働して、この住宅の価値を広く知ってもらうために、坂本の講演会を兼ねた見学会を実施すると、三日間で六〇〇人もの訪問者があったという。アイナーソン夫妻はそこに参加し、この住宅と出合うに至った。その後引き続き、住宅遺産トラストが不動産や耐震改修の専門家を紹介するなど、継承を支援し、さらに坂本の設計事務所（アトリエ・アンド・アイ）が改修の設計を行い、再生。継承が果たされた。

「意味」を剝ぎ取り、ある時代、ある個人から遊離した住宅は、時を隔てて住人が変わっても、すぐになじめるのかもしれない。アイナーソン夫妻は、まるで新築時の最初の建主のように、この住宅を住みこなしている。［二〇一六年一二月］

→北側外観。家型のフォルムが際立っている。外壁は一家が引っ越すにあたってシルバーに復原された。

代田の町家 ——→ P.76（写真），P.210（図面）

目神山の家5——石井修

House in Megamiyama No.5——Ishii Osamu

1980

建築家が目指した、自然と共存する街並み

都心で働きながらも、自然に囲まれた生活をしたい。東京ではなかなか難しいが、山々がすぐ近くにある関西では、そうした想いの実現も夢ではない。西宮市の山の手にある目神山も、大阪から電車で四〇分ほどの距離にあるにもかかわらず、木々の生い茂った高台である。登るのを躊躇するほどの急傾斜だが、それでもなお多くの人々が緑豊かな自然を求め、その目神山で暮らしている。大阪でガソリンスタンドを経営する猪奥高聖《いのおくこうせい》さんと香織さん夫妻も、緑に囲まれ、阪神間の街や海が眼前に広がる、目神山の最も高い眺望のよい場所で暮らしはじめた。

もともと保安林だった目神山は、敷地の四〇《パーセント》前後の造成しか認めないという条件で、宅地として整備されはじめたため、地形や樹木が生かされた住宅地になっている。特にその街並みに貢献したのが、石井修だった。石井は、その生涯にわたって自然との共存を求めつづけ、一九七六年の自邸を手始めに、目神山に二一軒もの住宅を設計した（うち二軒は

→二階居間。ソファに腰かける住人の猪奥夫妻。窓の外には、屋上庭園と目神山の自然が広がる。

未着工)。いずれも「目神山の家」という名称のシリーズであり、山の地形や植物を生かした住宅になっている。さらに、この二〇軒は周囲にも影響を与え、目神山の文化は石井がつくったといっても過言ではなく、ほとんど一人の人間の意思が波及することによって、街が生み出された。猪奥夫妻が住みはじめたのは、その「目神山の家」の五番だった。

「目神山の家5」では、まさに目神山の住宅らしく、地形を平らに造成していないため、道路からブリッジを渡って玄関にアプローチする。極端にいえば、家に入るために、谷を越えるのである。樹木や岩を配置した人工的な庭とは明らかに違い、むしろ家が樹木や岩に添えられているかのようだ。

継承される、自然との共生の想い

当初、猪奥夫妻は、住宅を新築するつもりでいたという。自然に囲まれた土地を求めていたことから、場所は目神山だが、設計は石井修の娘である智子さんに依頼する予定であった。そこで、最初は智子さんと一緒に新築用の土地探しをしていたが、眺望のよいロケーションを希望していたにもかかわらず、そのような土地は見つからなかったことから、智子さんは参考に「本当に眺望のよい家を見せたい！」と思い、空き家だった「目神山の家5」を一緒に見学した。すると、おふたりはひと目で気に入り、築三五年ほどのこの住宅を購入する決意をしたのだという。

➡二階居間。継承にあたり、壁や窓まわりの建具を改修した。

➡アプローチのブリッジより。外観が控えめで、周囲の木々に溶け込んでいる。

目神山の家5——→P.79（写真）, P.210（図面）

夫妻が購入を決め、智子さんは改修設計にとりかかった。長い年月を経て朽ちていた箇所を修理し、現在の耐震基準を満たすように補強し、設備を更新するなどの新しい息吹が与えられた。とはいっても、父・石井修の住宅の雰囲気を崩さないように、ほぼオリジナルの状態を保っている。建築は物質であるから、新しいものと古いものとを調和させるのは簡単なことではないが、「娘だから、父の設計を大切にすることにこだわれたのかもしれない」と、労をいとわなかった。

実は、二〇軒ある「目神山の家」は、まだ一軒も壊されていない。半数は竣工当時のオーナーがまだ所有しているが、残りは次の住まい手に継承され、二代目、三代目のオーナーにバトンタッチされている。なかには散歩をしている途中で「目神山の家」を目にして、すぐに気に入って購入を決めた人もいたらしい。目神山に住む以上、自然を生かした住宅は人を惹きつけるのだろう。そういったニーズを受けて、〝目神山〟や〝石井修〟のよさを購入者に説明をして売りに出す不動産会社もあるという。それも、継承がスムーズに行われている秘訣だろう。石井修がもちつづけた自然との共存の想いは、建築だけでなく、その精神とともに、目神山で受け継がれている。

社寺建築を担う大工が、補修工事を

長い年月を経た住宅は、老朽化した部分もある。古い風情を醸し出すヴィンテージの価

→玄関よりブリッジを振り返る。竣工当時に植えられた落葉樹が生長し、緑のトンネルに。

→二階食堂。窓の外には、建物背後にそびえる崖の大きな岩。

値を損ねたくないとはいえ、人が住む以上、ときには補修する必要がある。たとえば「目神山の家5」の居間の柱は、時を経て根元が腐朽していたので、その部分を補修する必要があった。とはいえ、できるだけ古いものを生かしながら修理していきたいので、足もとだけ「根継ぎ」を行っている。「根継ぎ」とは、柱の根元の腐った部分を取り除き、その部分だけ新しい部材で継ぎ足すことで、日本の木造建築では昔から一般的に行われてきた修理方法だが、いわゆる継手仕口を用いた接合のため、大工の腕を必要とする。「目神山の家5」では、国宝や重要文化財に指定された社寺建築の修理を手がけてきた鳥羽瀬社寺建築が施工を担っている。大工はどんどん減っている状況だが、こうした既存の建物を生かすかたちで住宅の修理をしていく場合、まだ大工技能が必要とされる場面もあるようだ。

自然の力は強い。三佛寺投入堂、龍岩寺奥院礼堂、岩屋神社本殿、笠森観音、自然と人間の共存の風景は、いつの時代のものでも、人々を惹きつけてきたではないか。樹木や岩盤の長い寿命に、少しでも建築の寿命も追いつこうと、控えめに添えられた姿に人は惹かれるのだろうか。［二〇一六年九月］

→居間の柱は根元が腐朽していたため、伝統的な金輪継ぎによって補修を行った。

目神山の家5——→P.79（写真），P.210（図面）

参考文献

『日本の現代住宅1970年代（GA HOUSES［世界の住宅］4）』一九七八年、A.D.A EDITA Tokyo。

中原洋、藤塚光政『意地の都市住宅 PART1』ダイヤモンド社、一九八七年。

中原洋、藤塚光政『意地の都市住宅 PART2』ダイヤモンド社、一九九一年。

藤森照信『藤森照信の原・現代住宅再見2』TOTO出版、二〇〇二年。

藤森照信『藤森照信の原・現代住宅再見3』TOTO出版、二〇〇六年。

『住宅70年代・狂い咲き』二〇〇六年、エクスナレッジ。

「ブルーボックスハウス」『新建築』一九七一年一〇月号、新建築社。

「ブルーボックス／1971年2月」『家庭画報』二〇〇二年三月号、世界文化社。

「ブルーボックス」『住宅建築』二〇〇六年五月号、建築資料研究社。

「反住器」『建築』一九七二年一一月号、槇書店。

「三世帯により、縦横無尽に住みこなされるM1 林・富田邸」『住宅建築』二〇〇五年六月号、建築資料研究社。

「M1ハウス（前編）連載 建築家自邸からの家学び 第15回」『新建築住宅特集』二〇一四年一二月号、新建築社。

「M1ハウス（後編）連載 建築家自邸からの家学び 第15回」『新建築住宅特集』二〇一五年一月号、新建築社。

大山直美「大和町の家 壁を穿つ」『TOTO通信』二〇一三年夏号、TOTO。

「新・前川自邸」『住宅建築』二〇〇六年一月号、建築資料研究社。

篠原一男「住宅は芸術である 建築生産と対決する住宅設計」『新建築』一九六二年五月号、新建築社。

篠原一男「第三の様式」『新建築』一九七七年一月号、新建築社。

「上原通りの住宅」『新建築』一九七七年一月号、新建築社。

大辻清司×篠原一男「ある写真家とその住居の物語」『建築と日常』一号、長島明夫、二〇一〇年。

伊藤公文「上原通りの住宅 構造が共鳴する」『TOTO通信』二〇一三年夏号、TOTO。

「代田の町家」『新建築』一九七六年一一月号、新建築社。

「改修 代田の町家」『新建築住宅特集』二〇一五年二月号、新建築社。

坂本一成、長島明夫『建築家・坂本一成の世界』LIXIL出版、二〇一六年。

「日神山の家5」『新建築』一九八一年八月号、新建築社。

住宅の平面図

Floor Plans

ダブルハウス
Double House

岡本の洋館
House in Okamoto

加地邸
Kachi House

旧鶴巻鶴一邸
Tsurumaki Tsuruichi House

八木邸
Yagi House

トレッドソン別邸
Troedsson Villa

佐々木邸
Sasaki House

土浦亀城邸
Tsuchiura Kameki House

旧山川秀峰邸
Yamakawa Shuho House

軽井沢A型住宅
House in Karuizawa

顧空庵
Kokuan

コアのあるH氏のすまい
Hara House

私の家
My House

旧園田高弘邸
Sonoda Takahiro House

私たちの家
Our House

浦邸
Ura House

スカイハウス
Sky House

感泣亭
Kankyutei

ブルーボックスハウス
Blue Box House

反住器
Anti-Dwelling Box

林・富田邸
Hayashi & Tomita House

大和町の家
House in Yamatocho

新・前川國男自邸
Mayekawa Kunio House

上原通りの住宅
House in Uehara

代田の町家
House in Daita

目神山の家 5
House in Megamiyama No.5

ダブルハウス
Double House

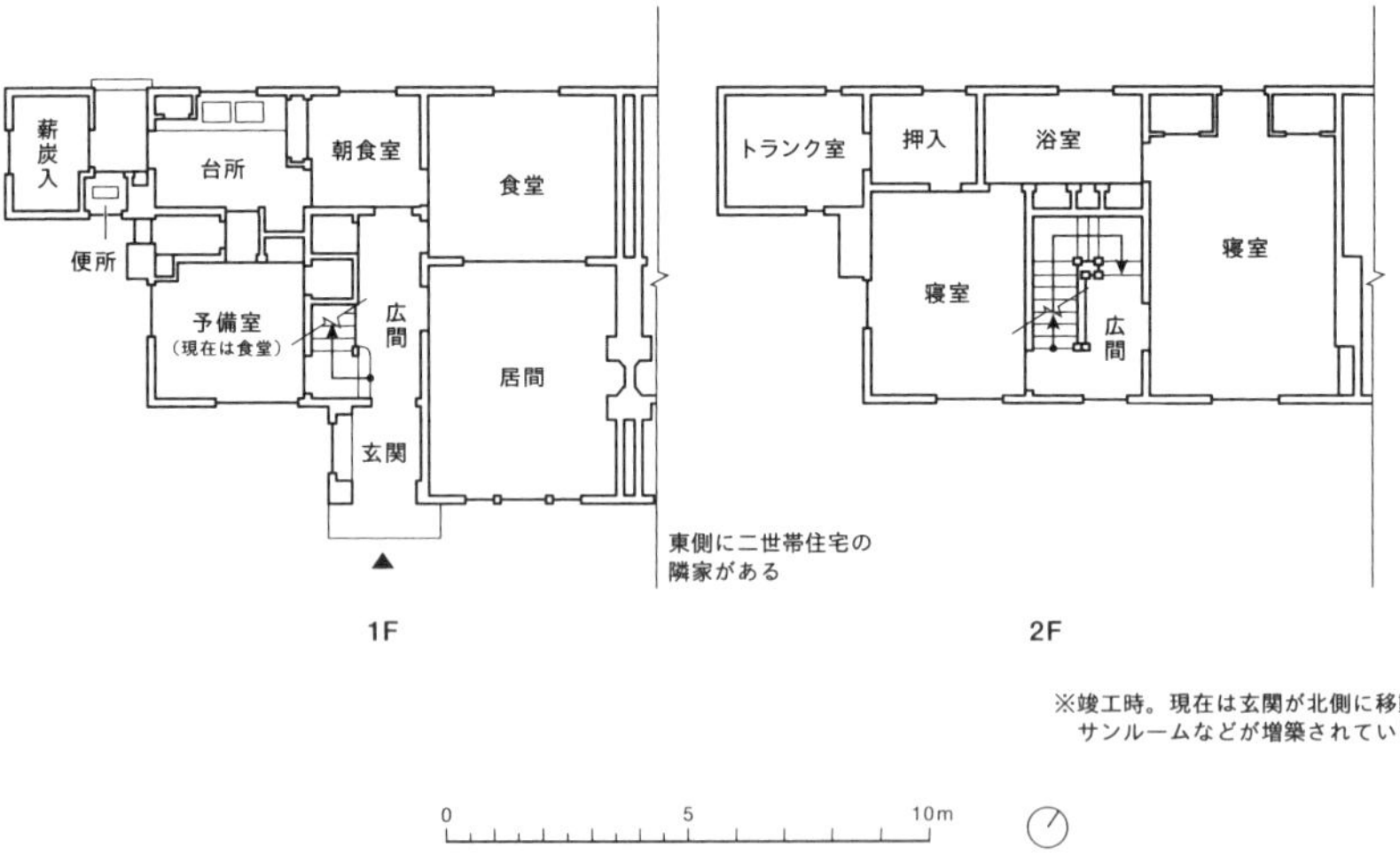

岡本の洋館
House in Okamoto

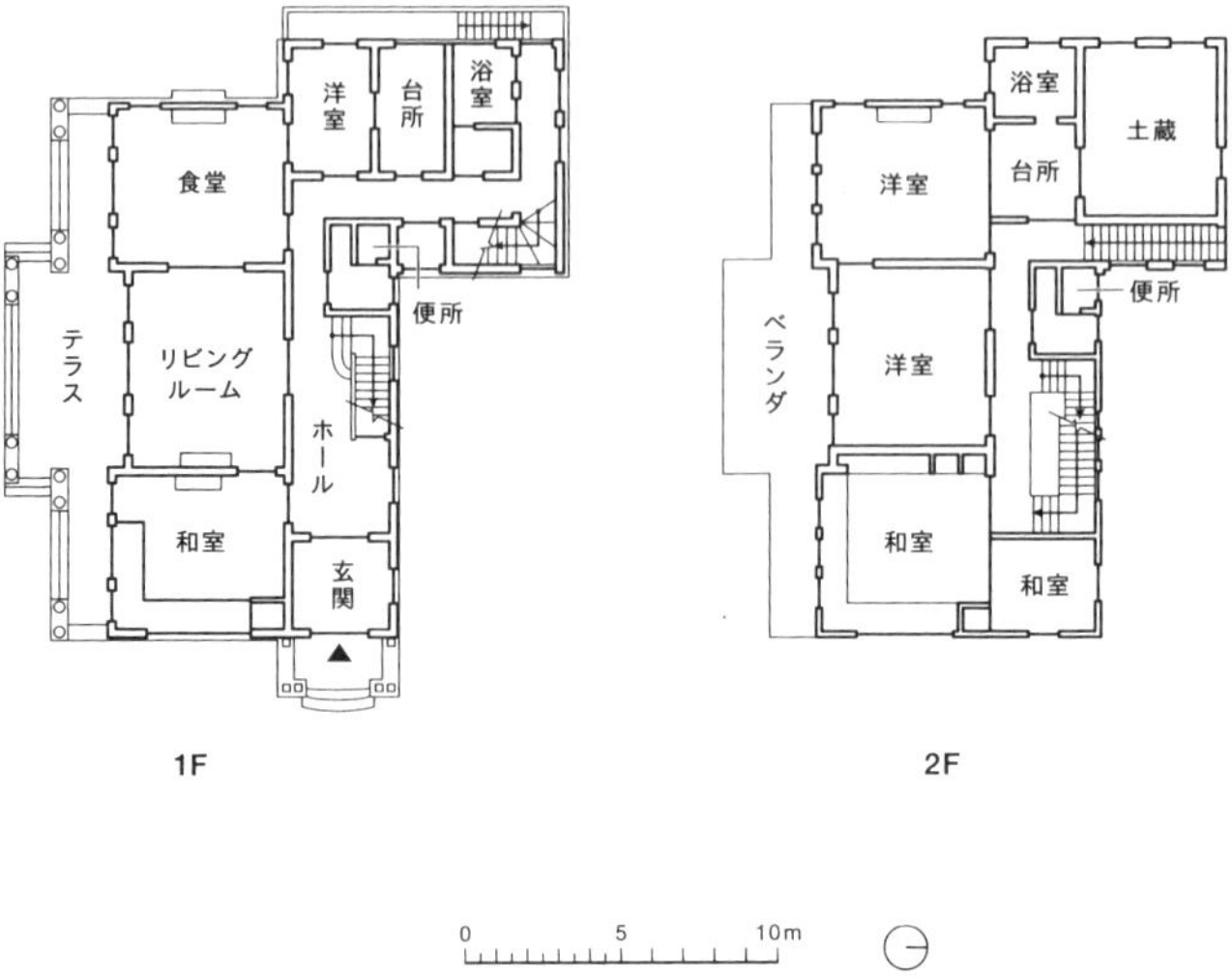

加地邸
Kachi House

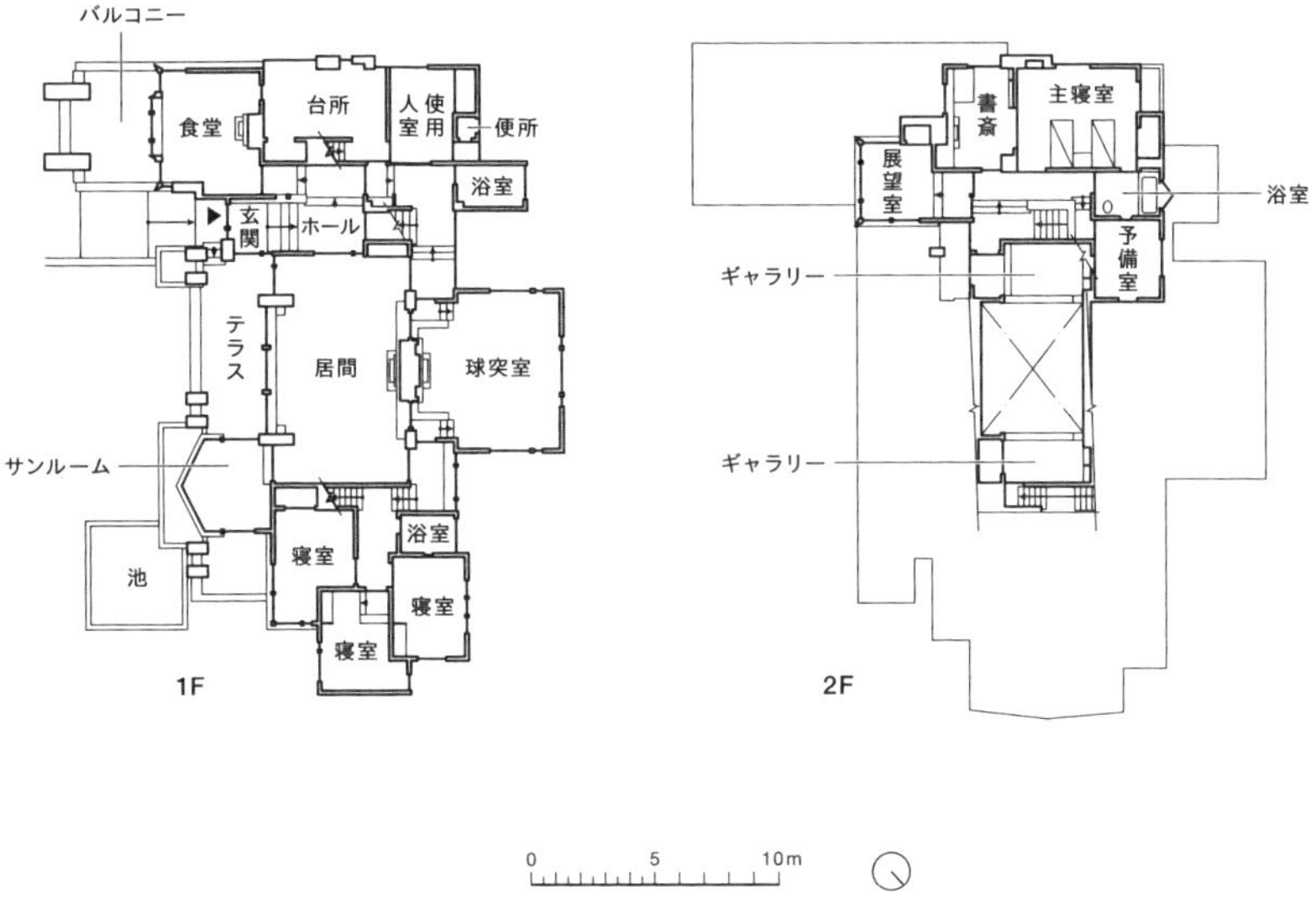

旧鶴巻鶴一邸
Tsurumaki Tsuruichi House

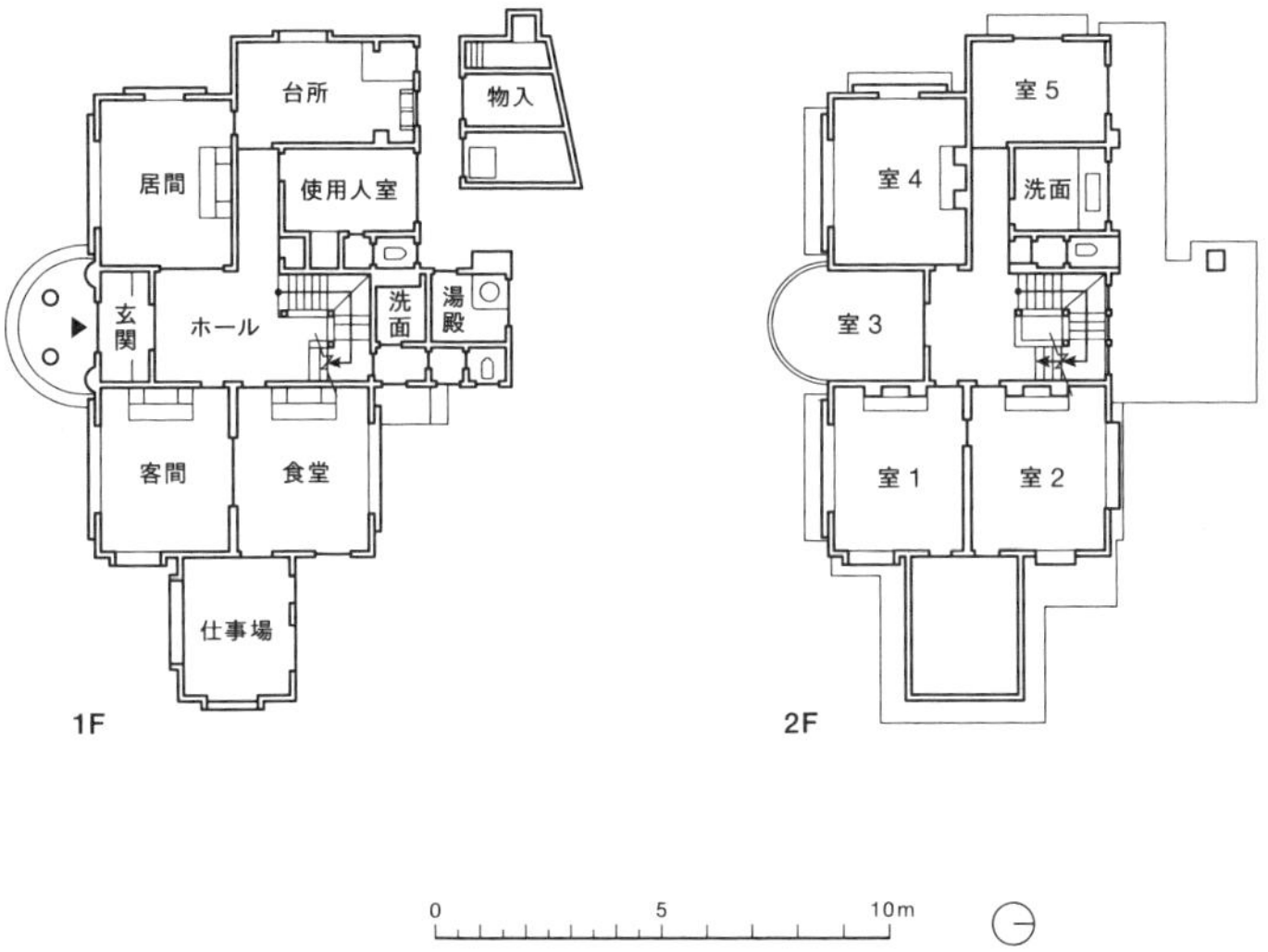

八木邸
Yagi House

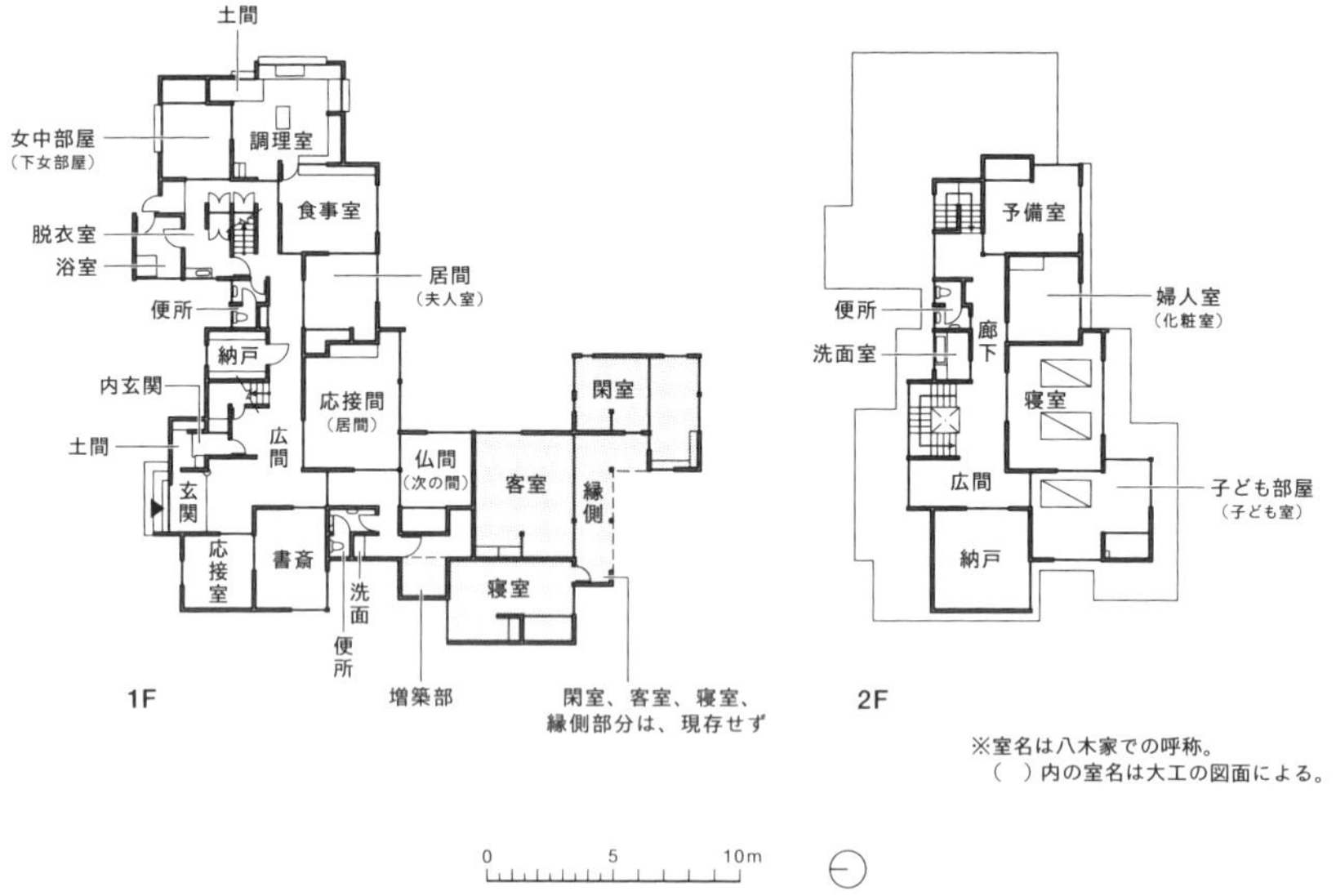

※室名は八木家での呼称。
（　）内の室名は大工の図面による。

トレッドソン別邸
Troedsson Villa

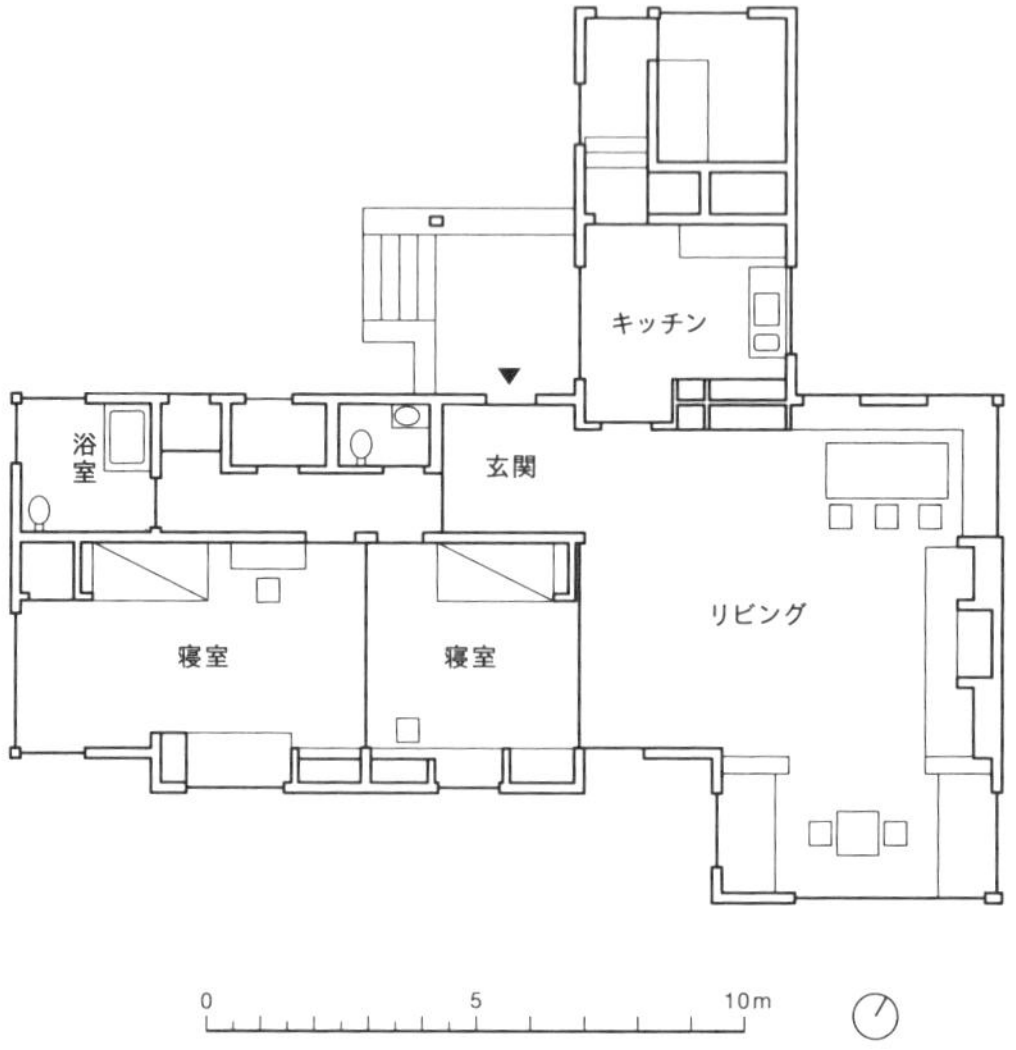

佐々木邸
Sasaki House

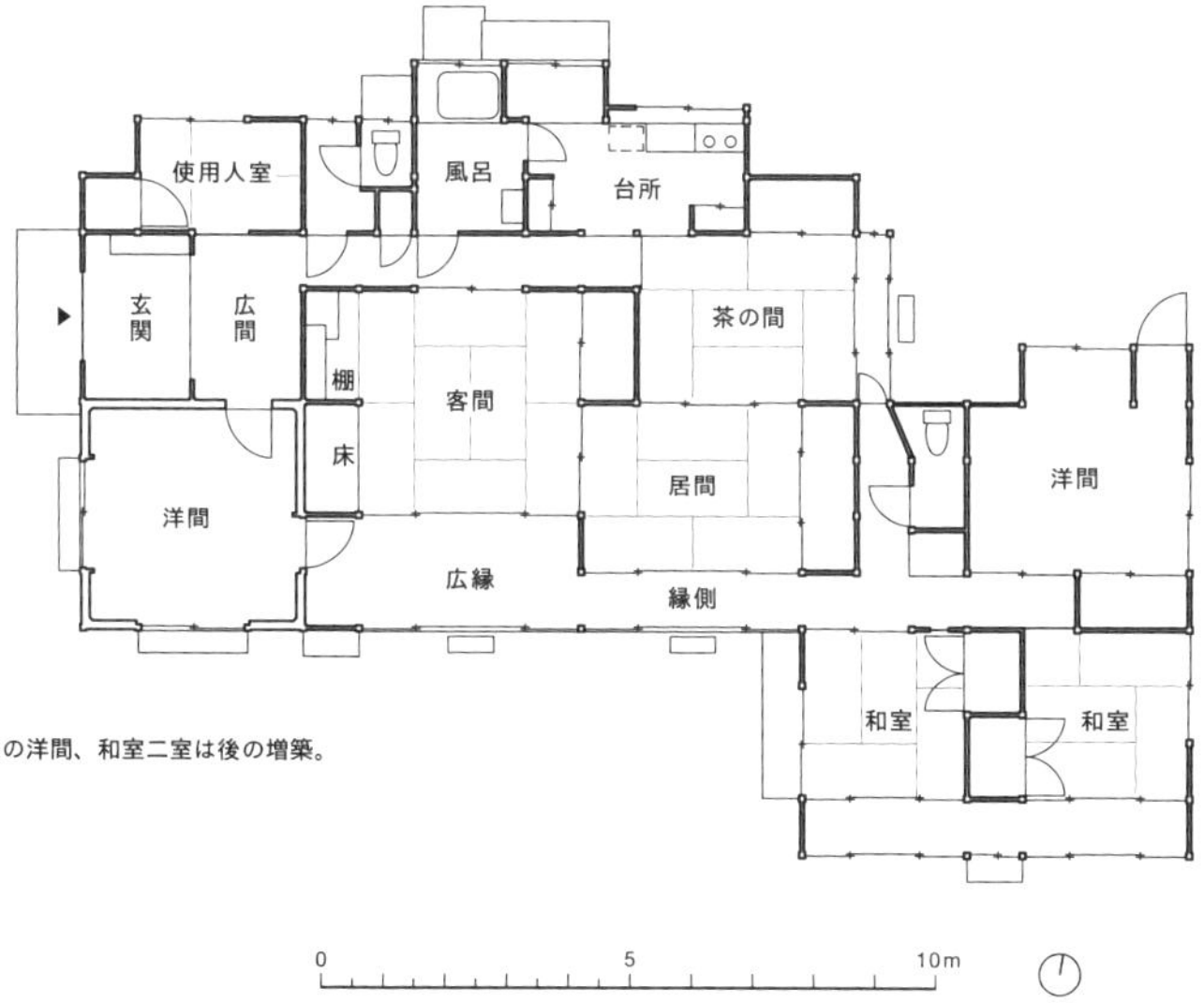

※東の洋間、和室二室は後の増築。

土浦亀城邸
Tsuchiura Kameki House

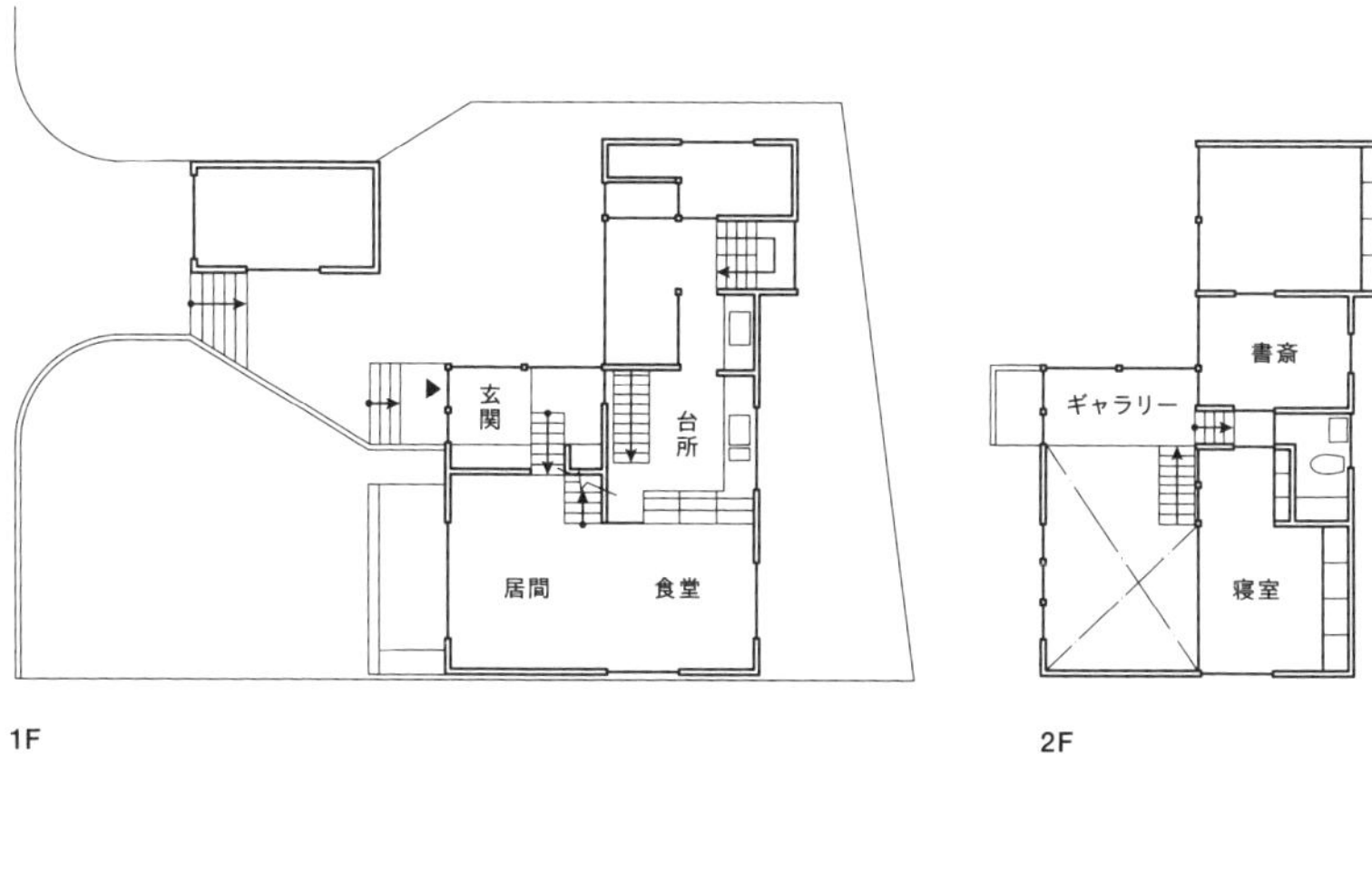

旧山川秀峰邸
Yamakawa Shuho House

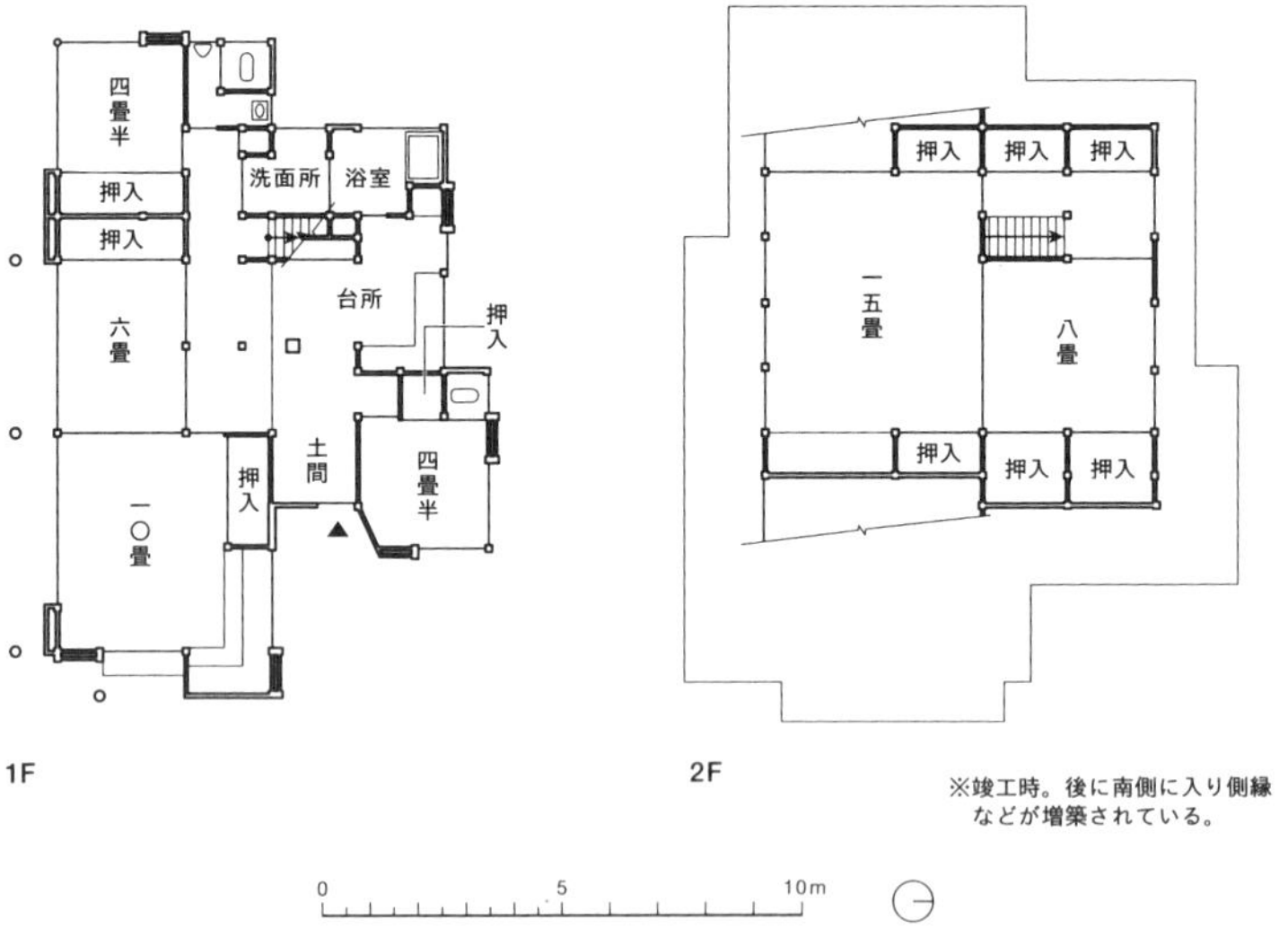

※竣工時。後に南側に入り側縁
などが増築されている。

軽井沢A型住宅
House in Karuizawa

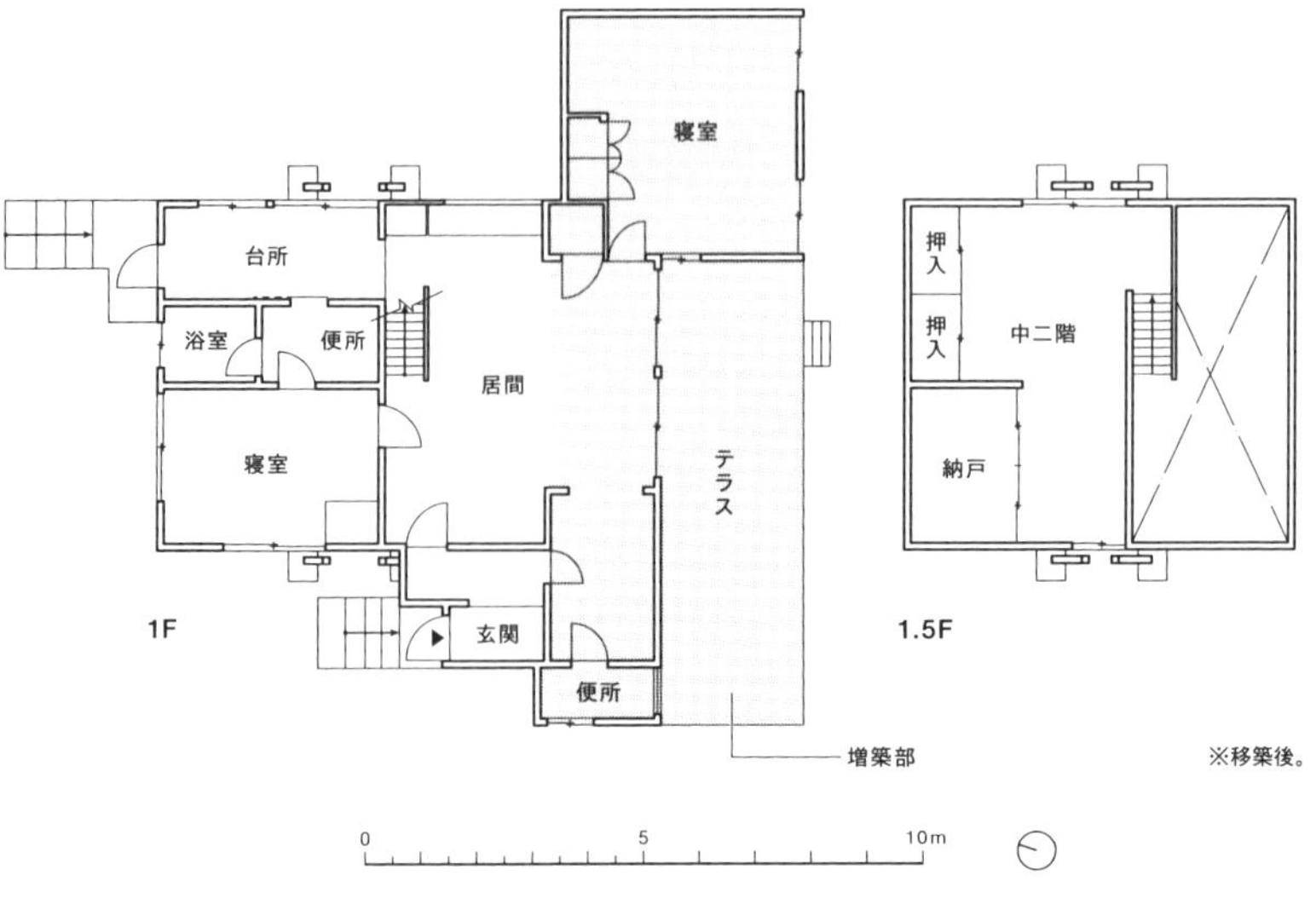

※移築後。

顧空庵
Kokuan

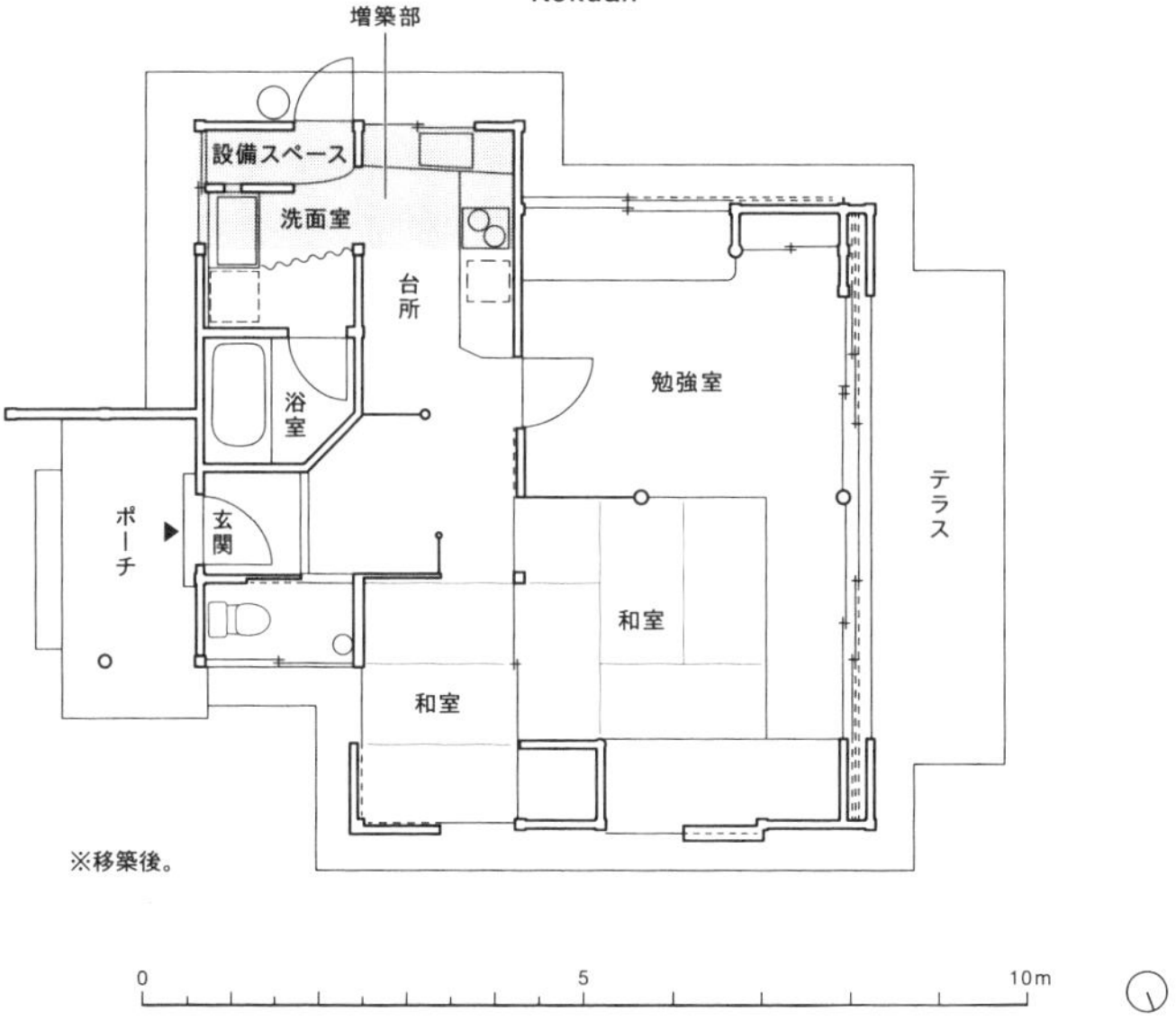

コアのあるH氏のすまい
Hara House

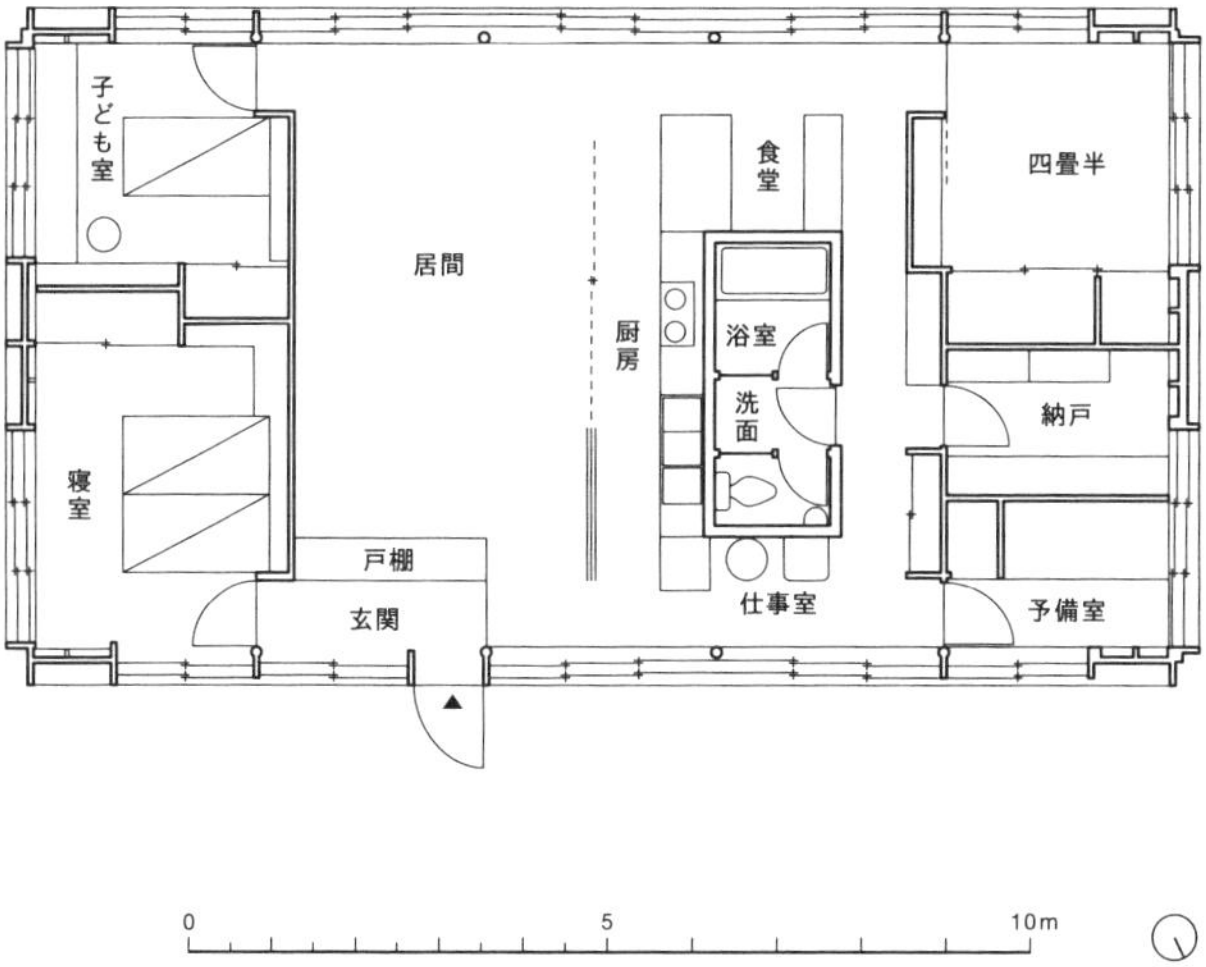

私の家

My House

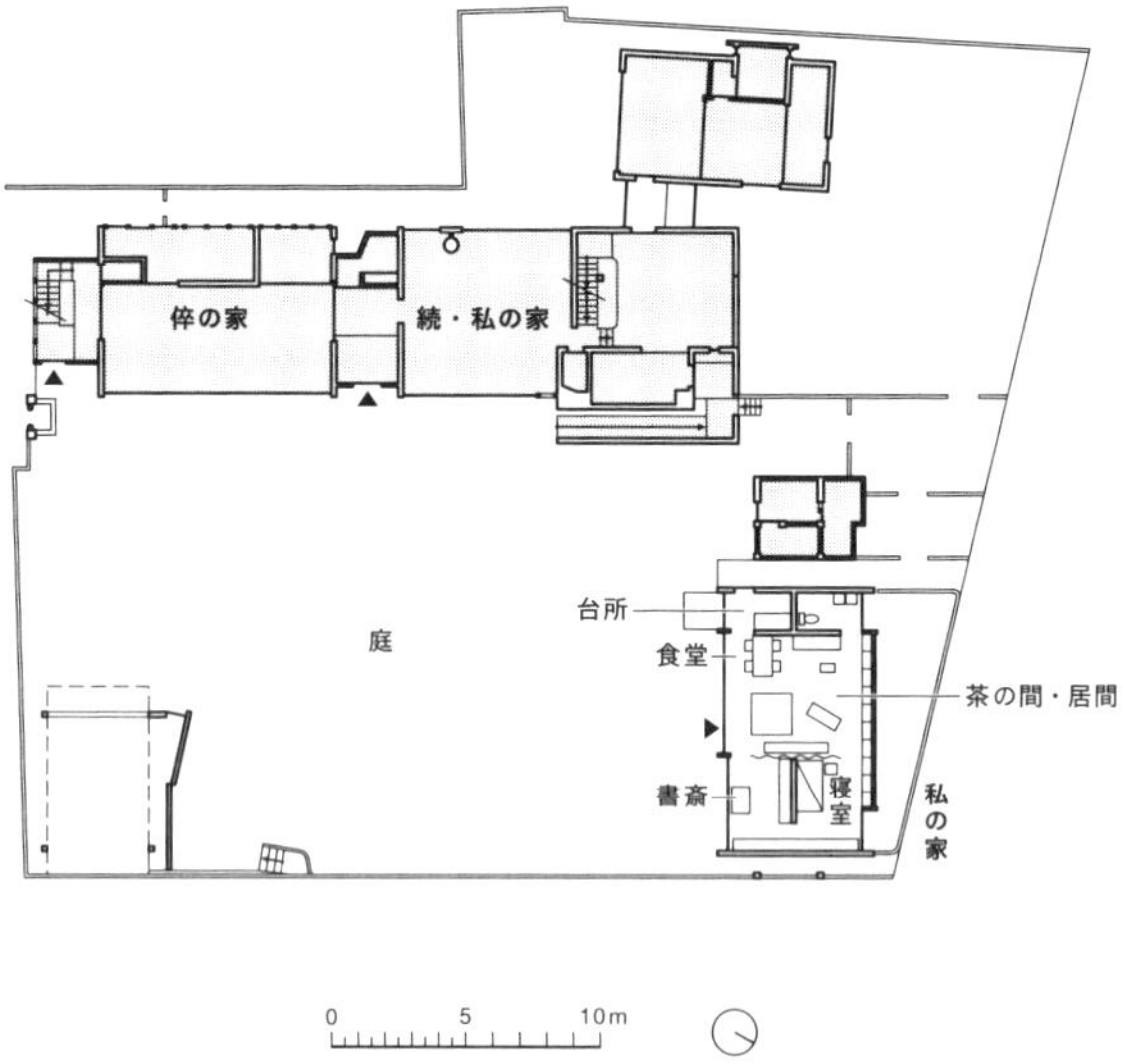

旧園田高弘邸

Sonoda Takahiro House

※現在は、東側に別棟が増築されている。

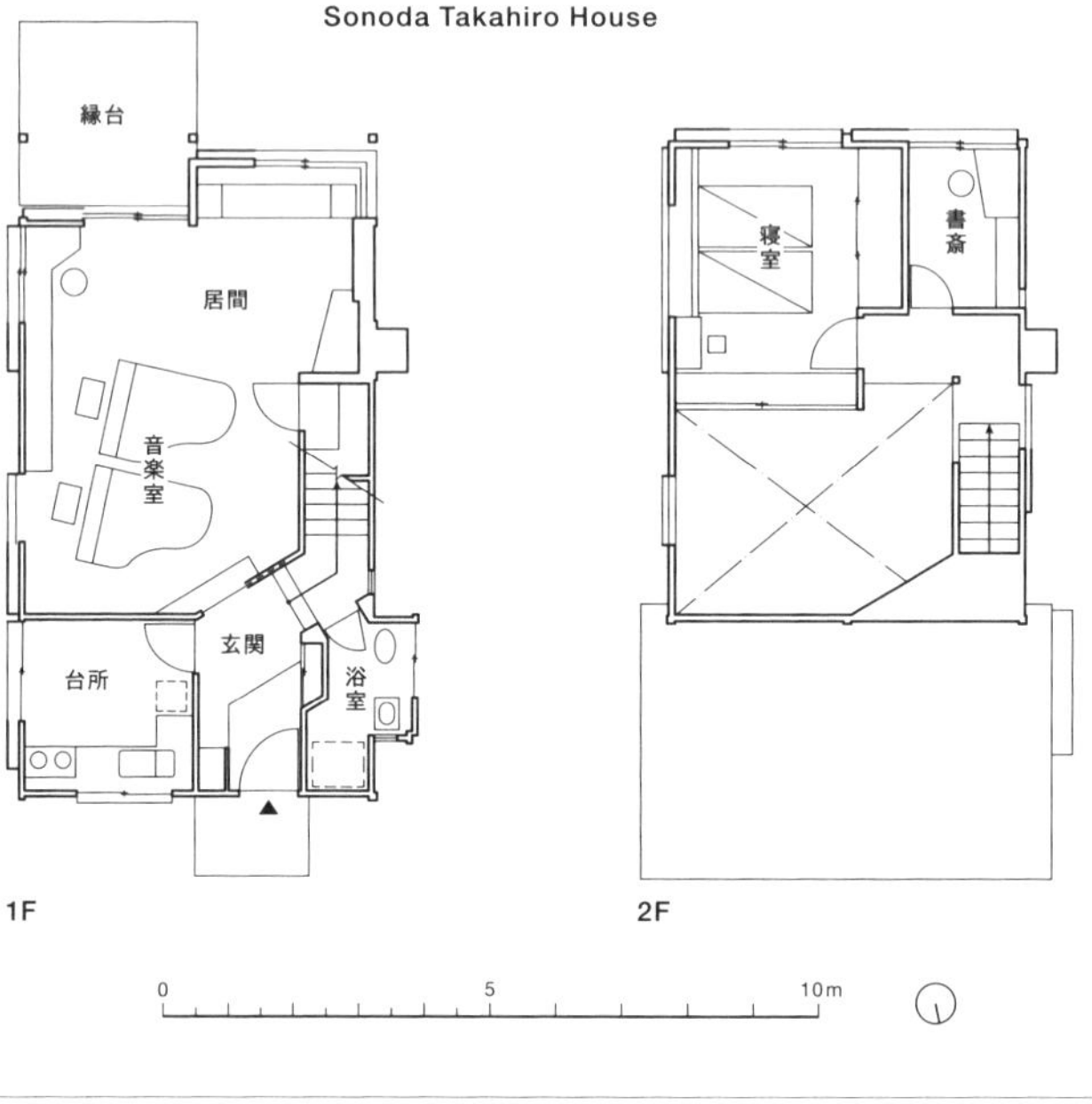

私たちの家
Our House

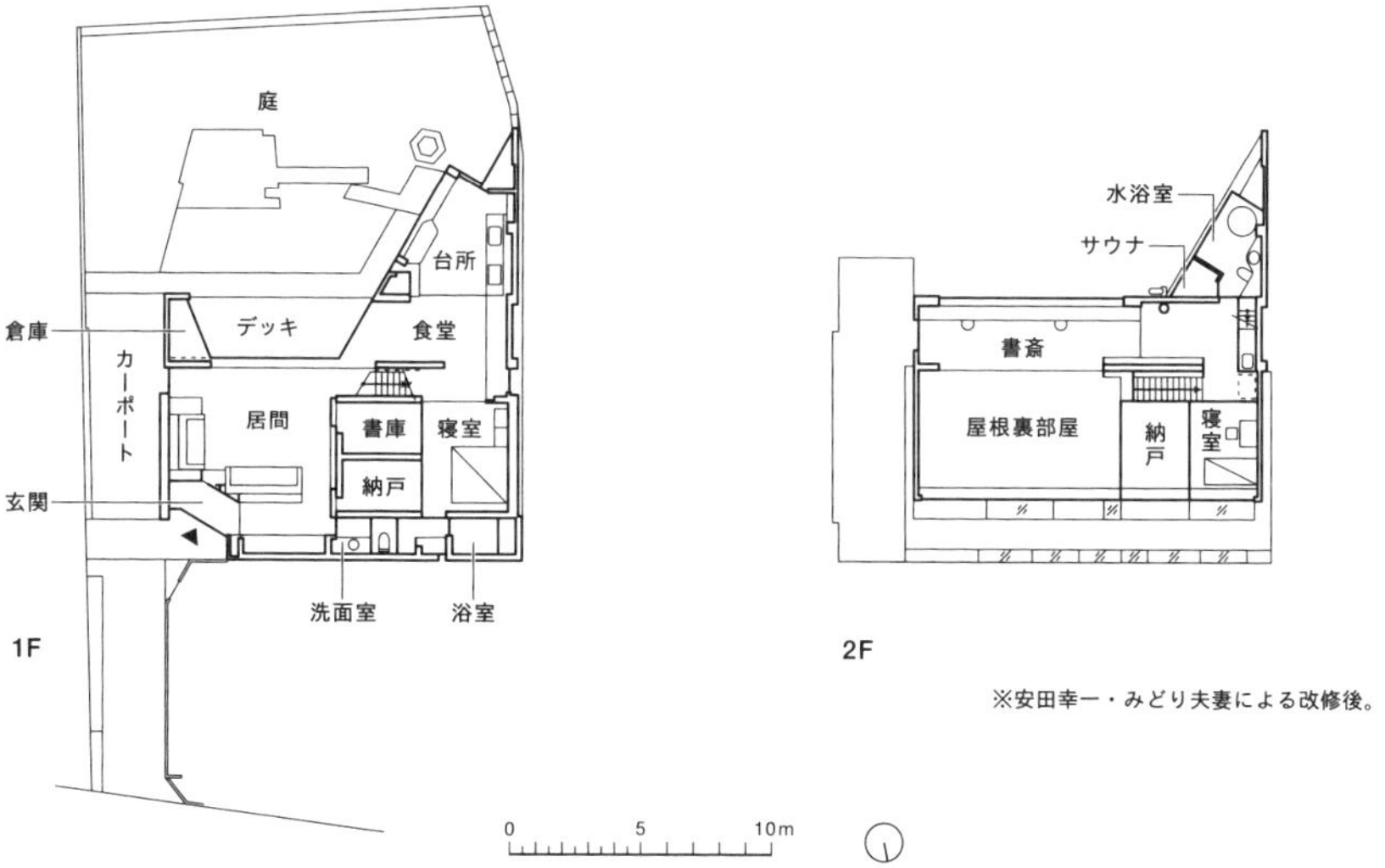

※安田幸一・みどり夫妻による改修後。

浦邸
Ura House

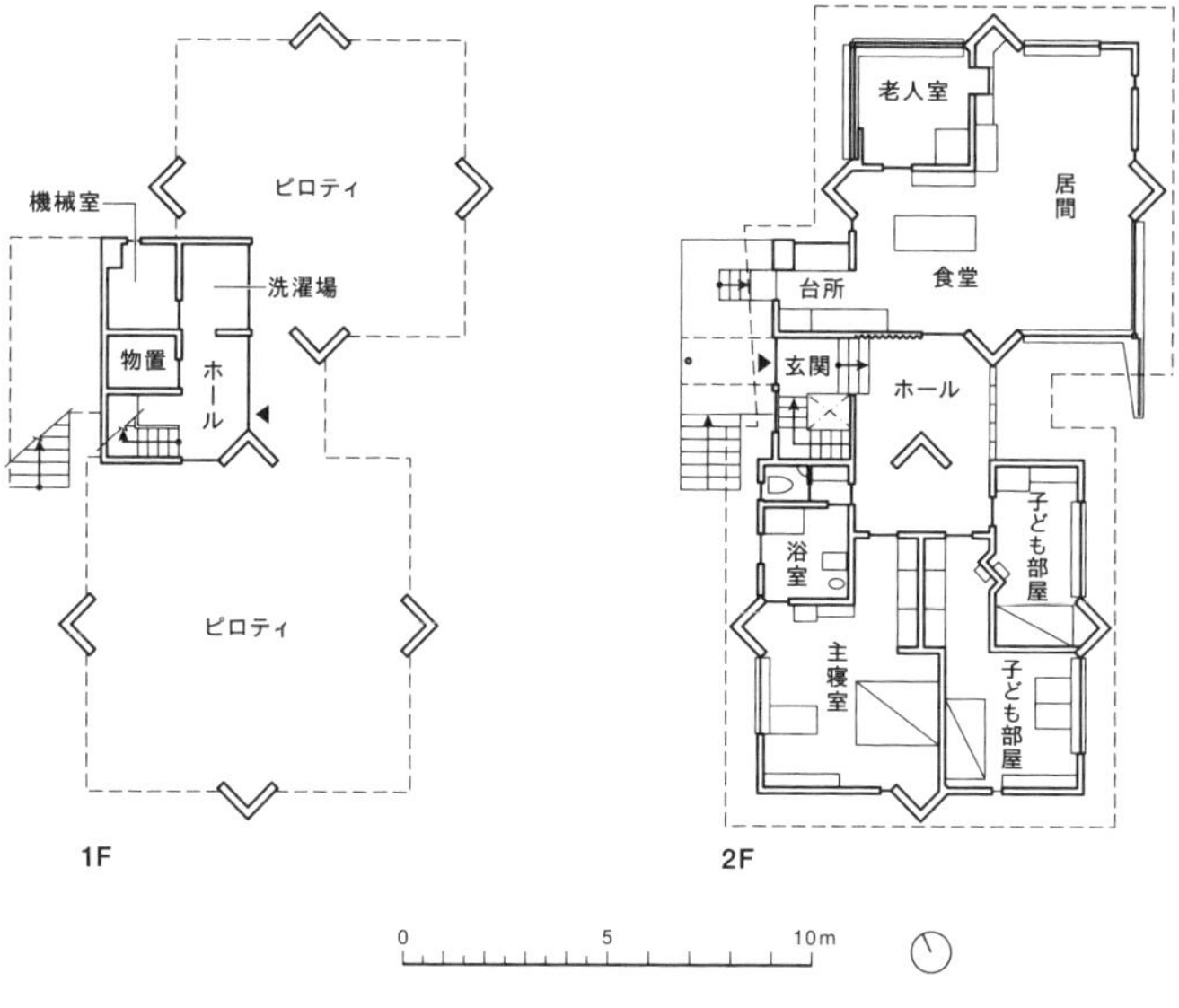

スカイハウス
Sky House

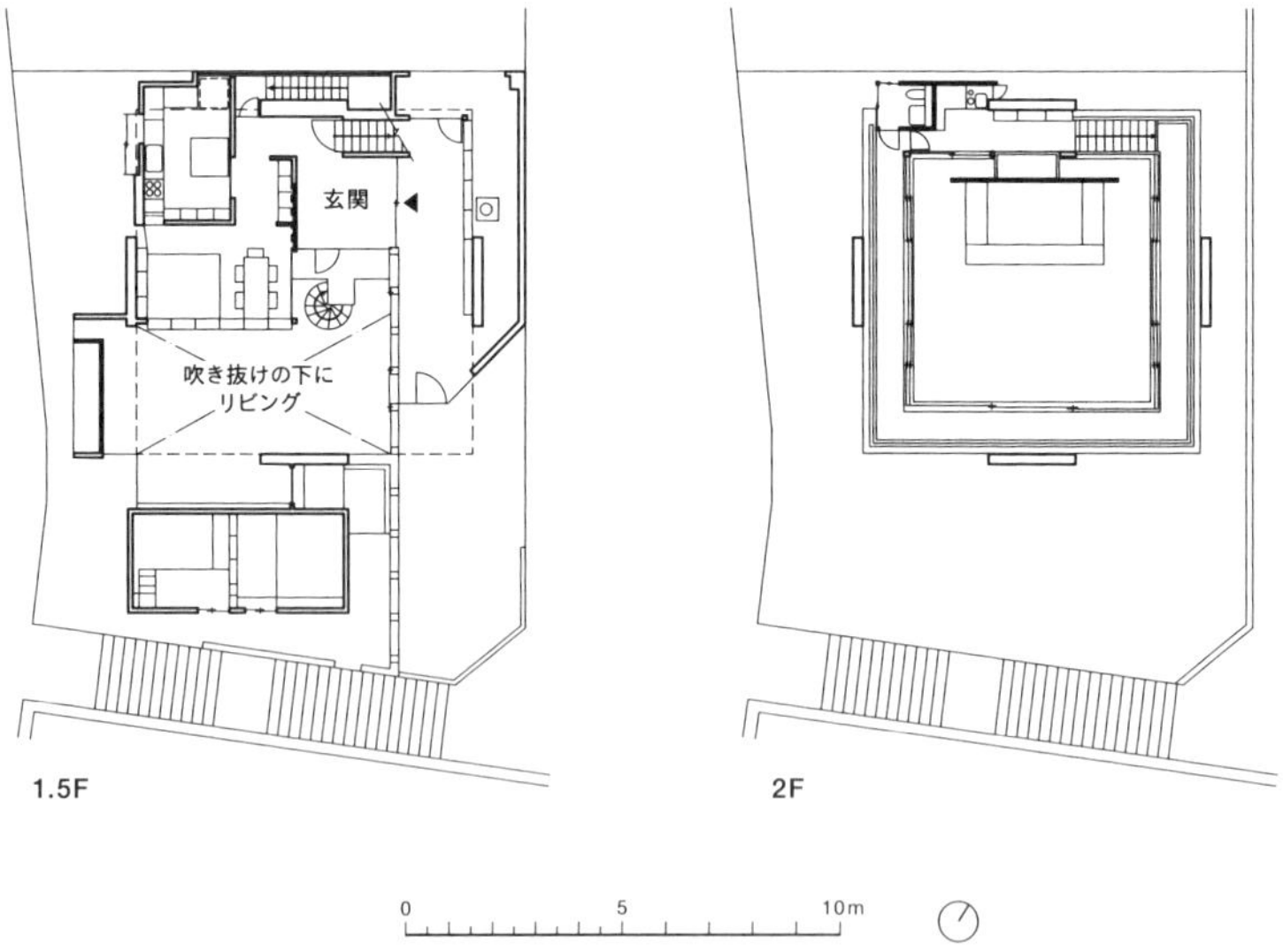

感泣亭
Kankyutei

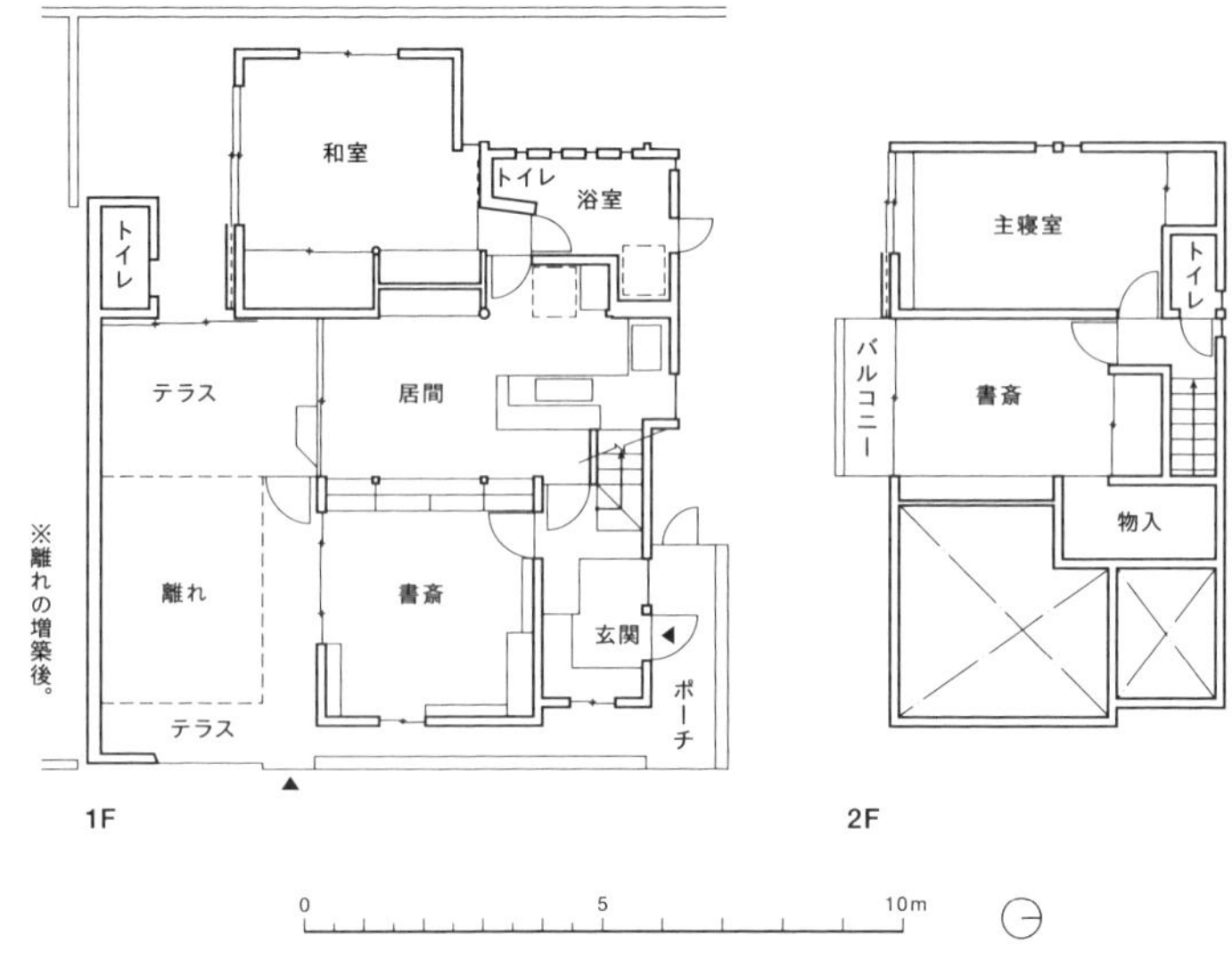

ブルーボックスハウス
Blue Box House

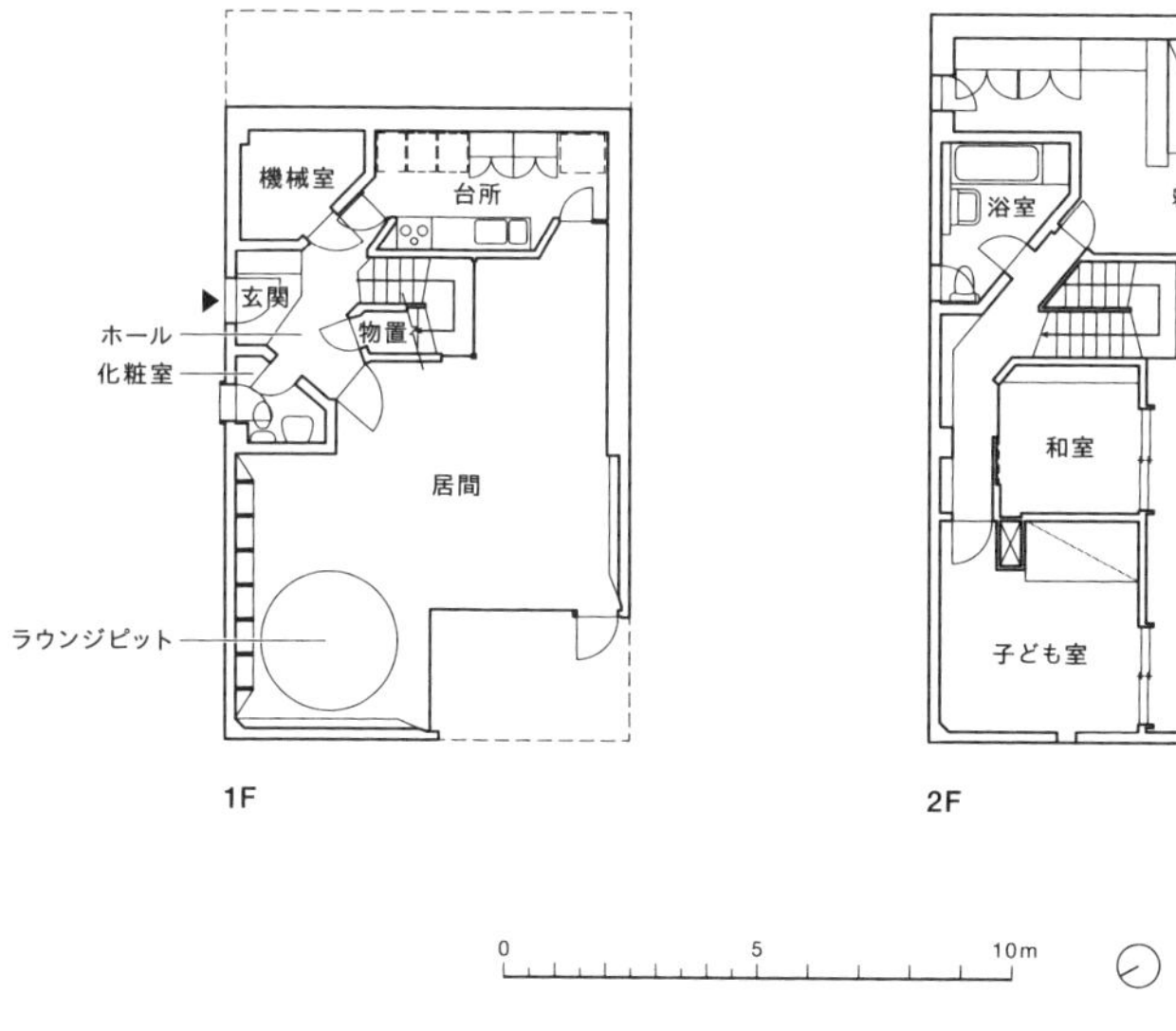

反住器
Anti-Dwelling Box

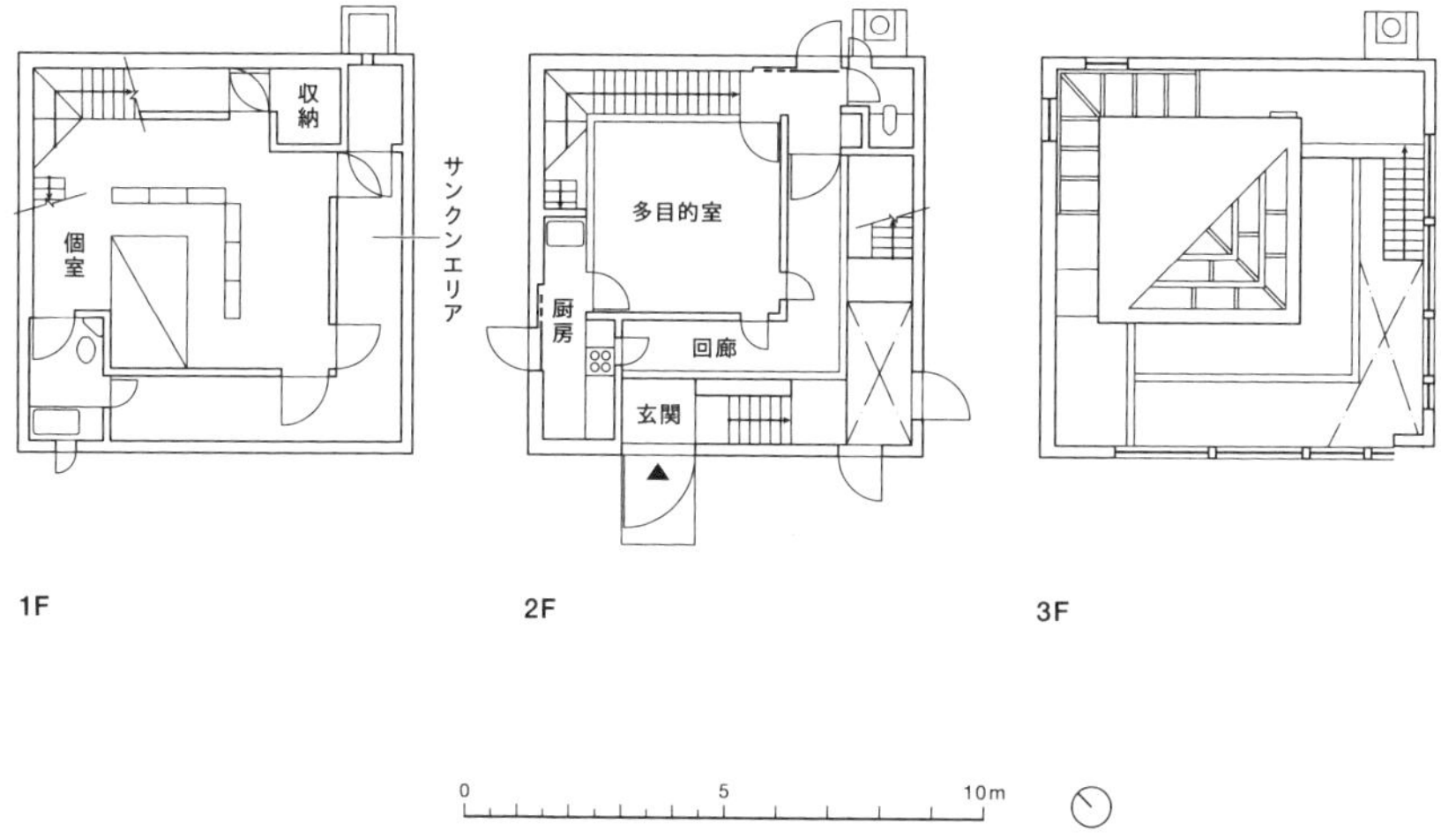

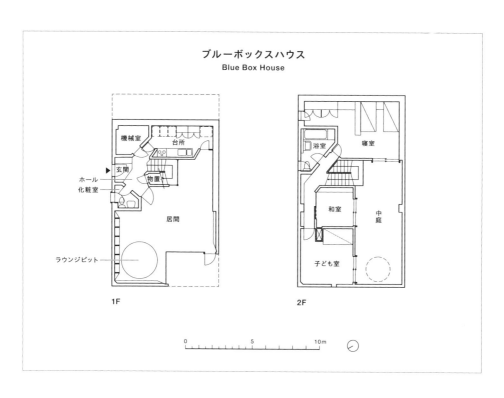

林・富田邸
Hayashi & Tomita House

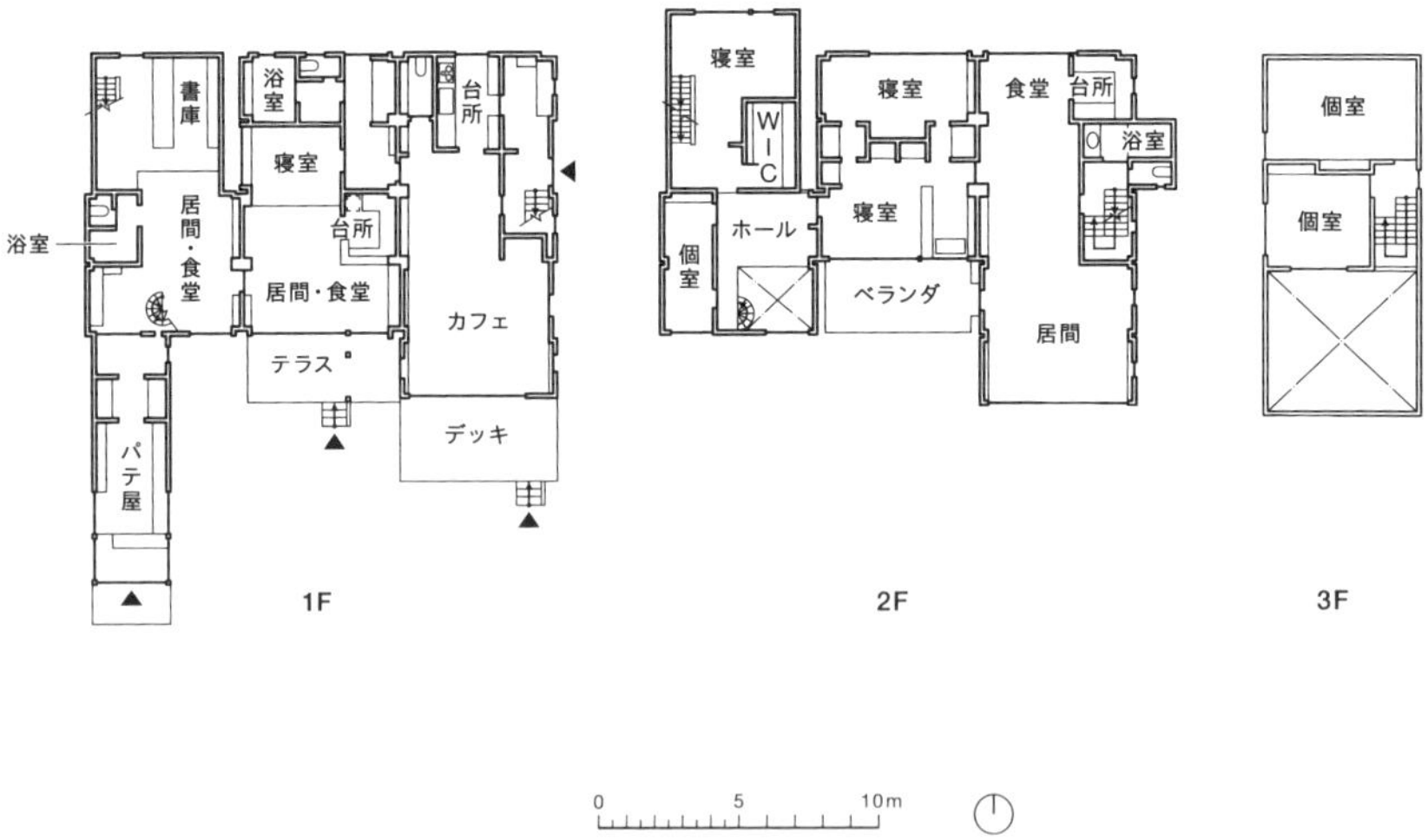

大和町の家
House in Yamatocho

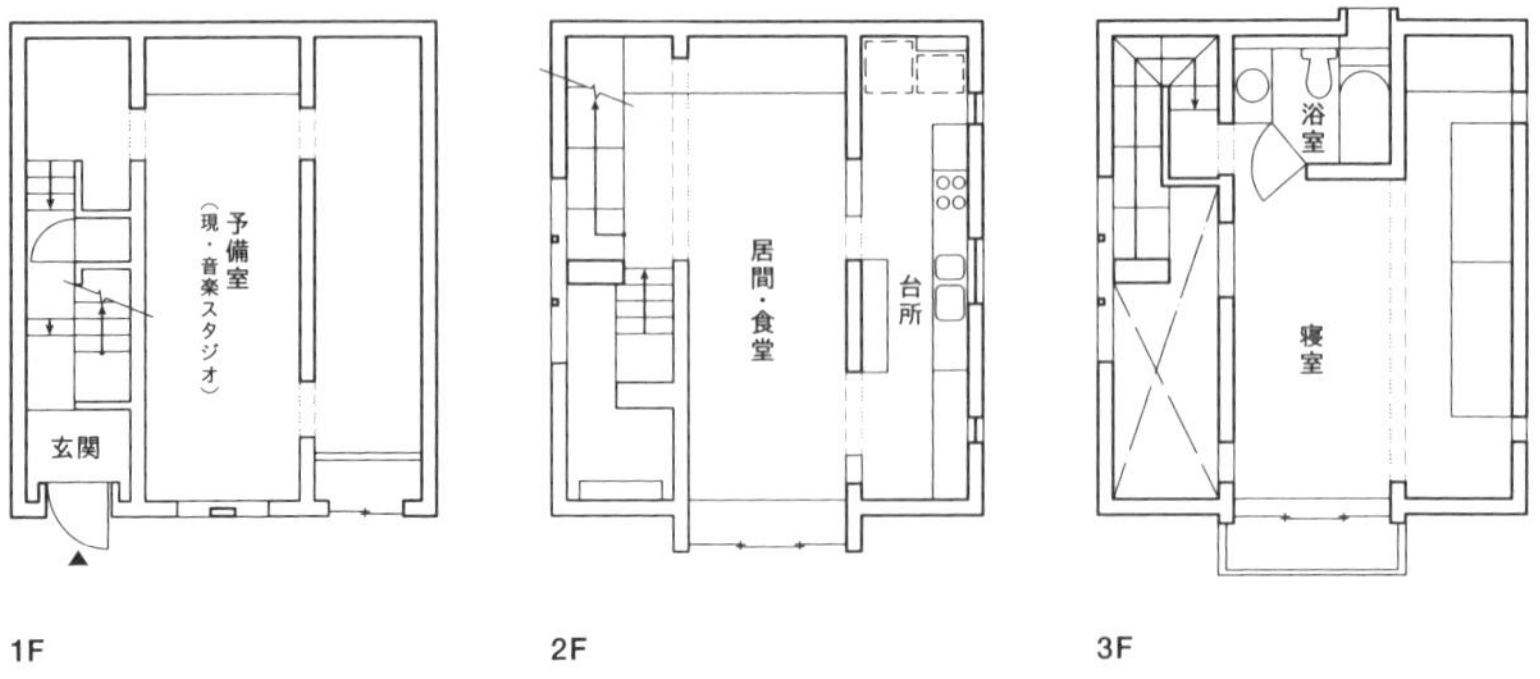

新・前川國男自邸
Mayekawa Kunio House

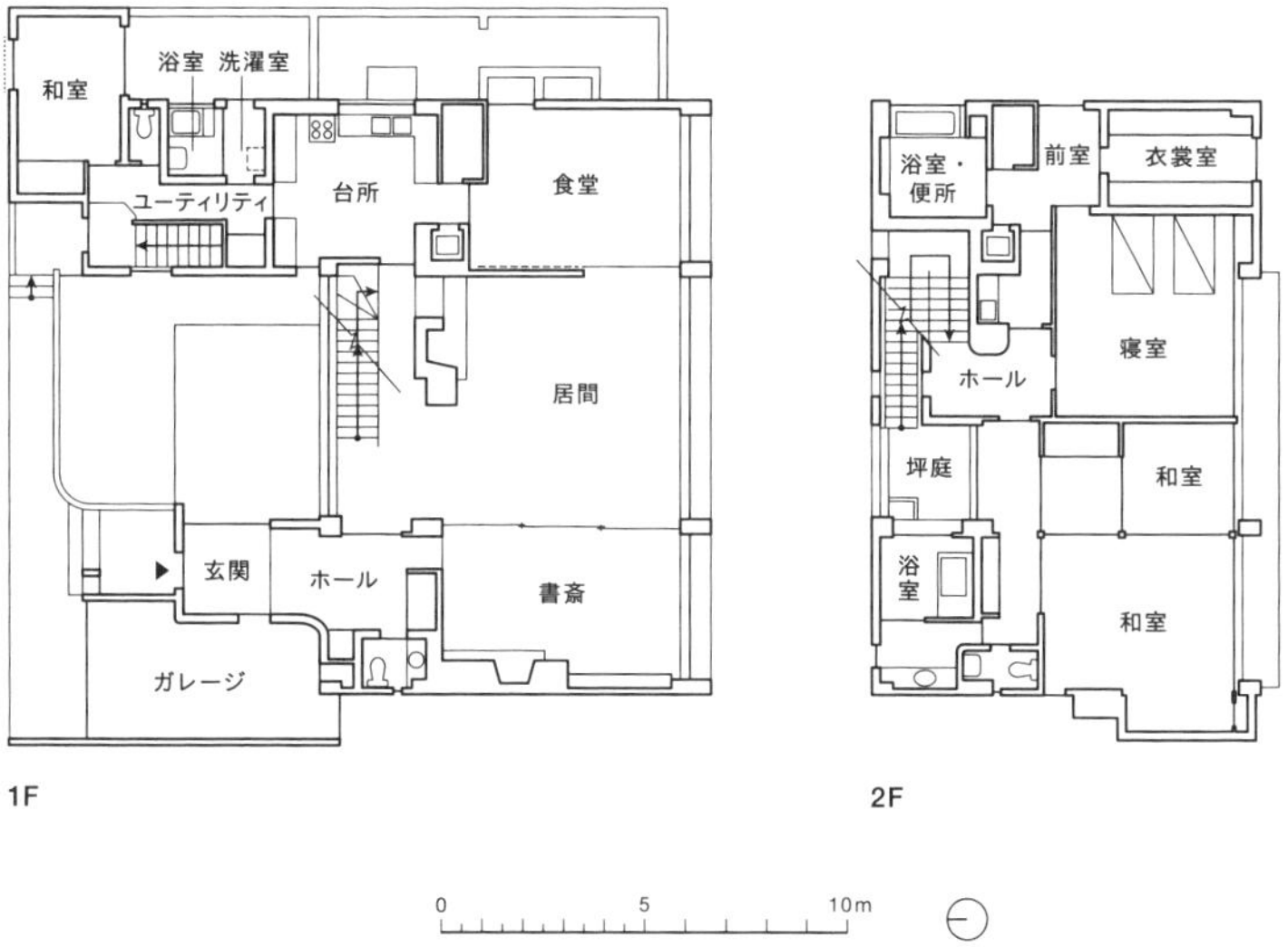

上原通りの住宅
House in Uehara

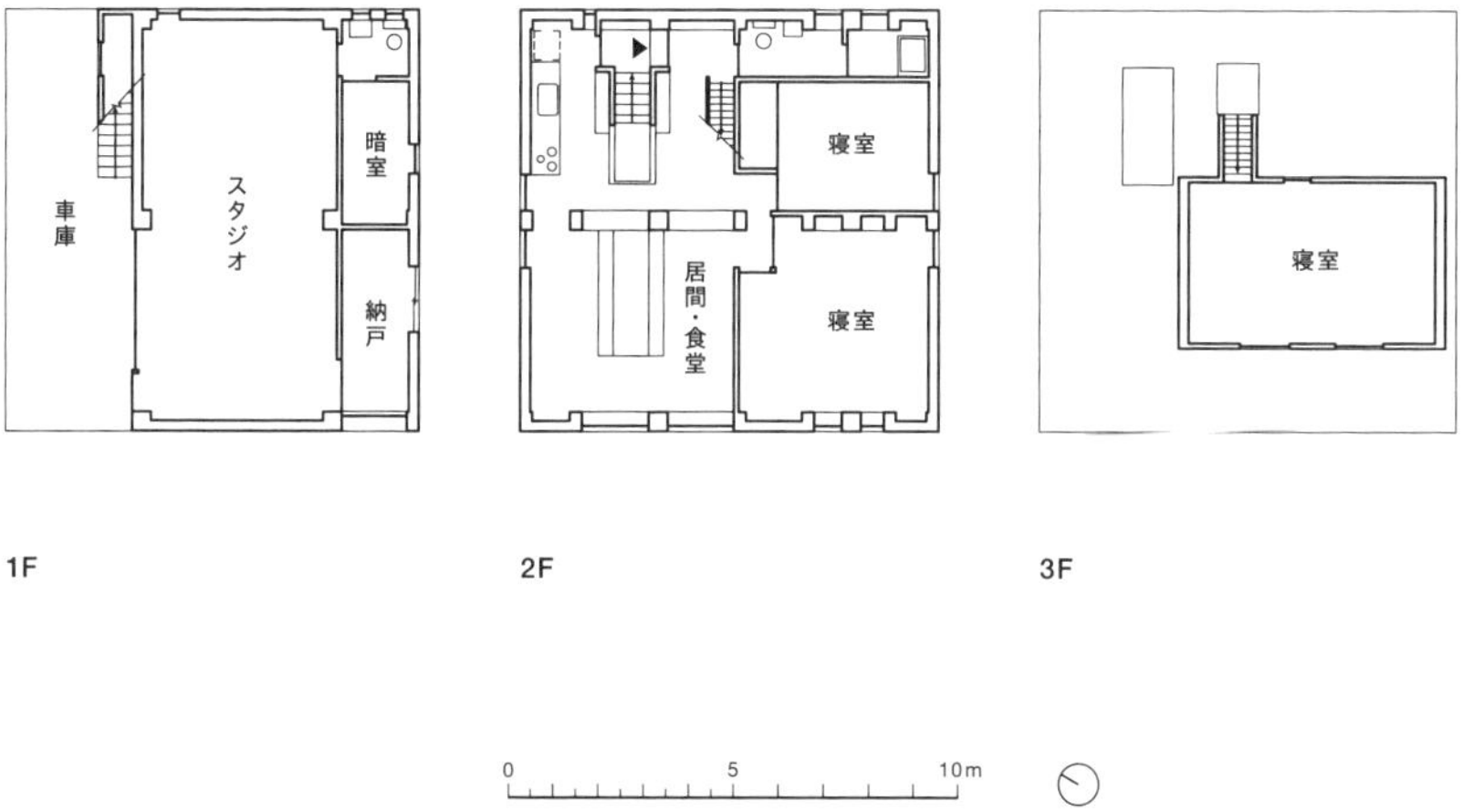

代田の町家
House in Daita

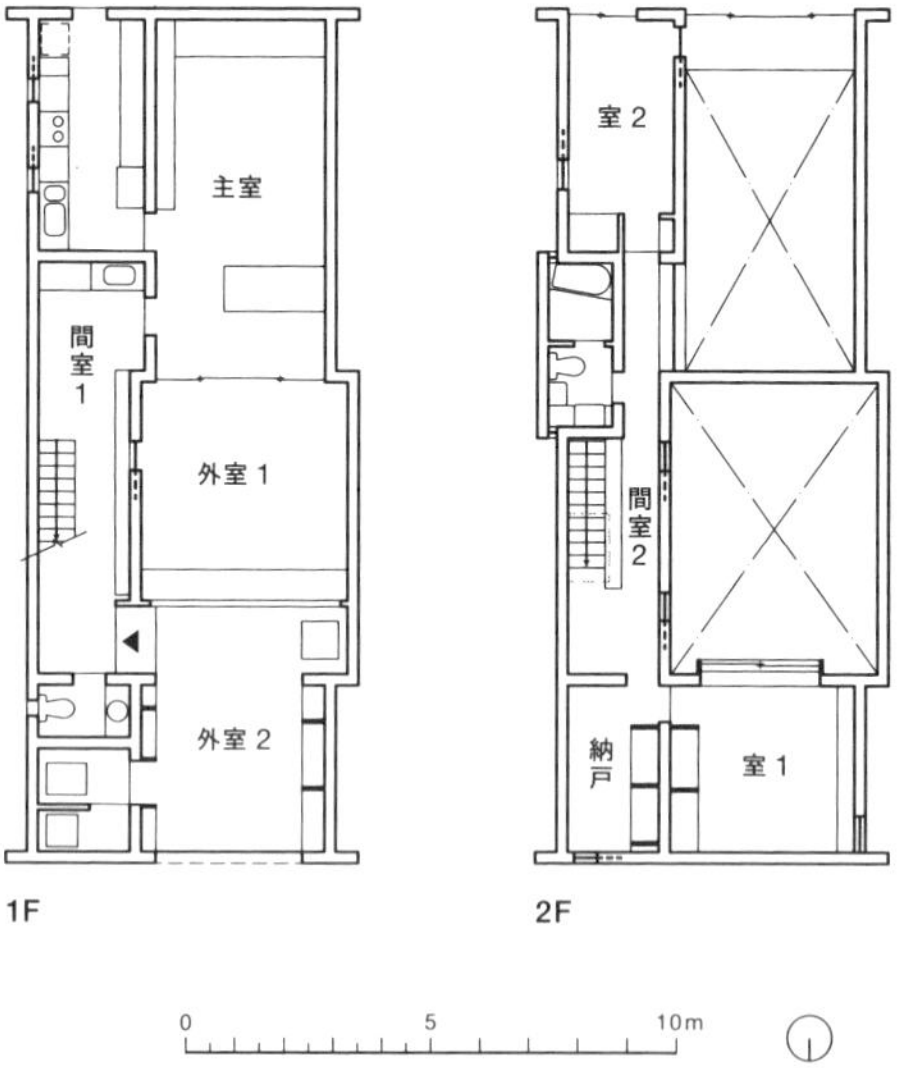

目神山の家5
House in Megamiyama No.5

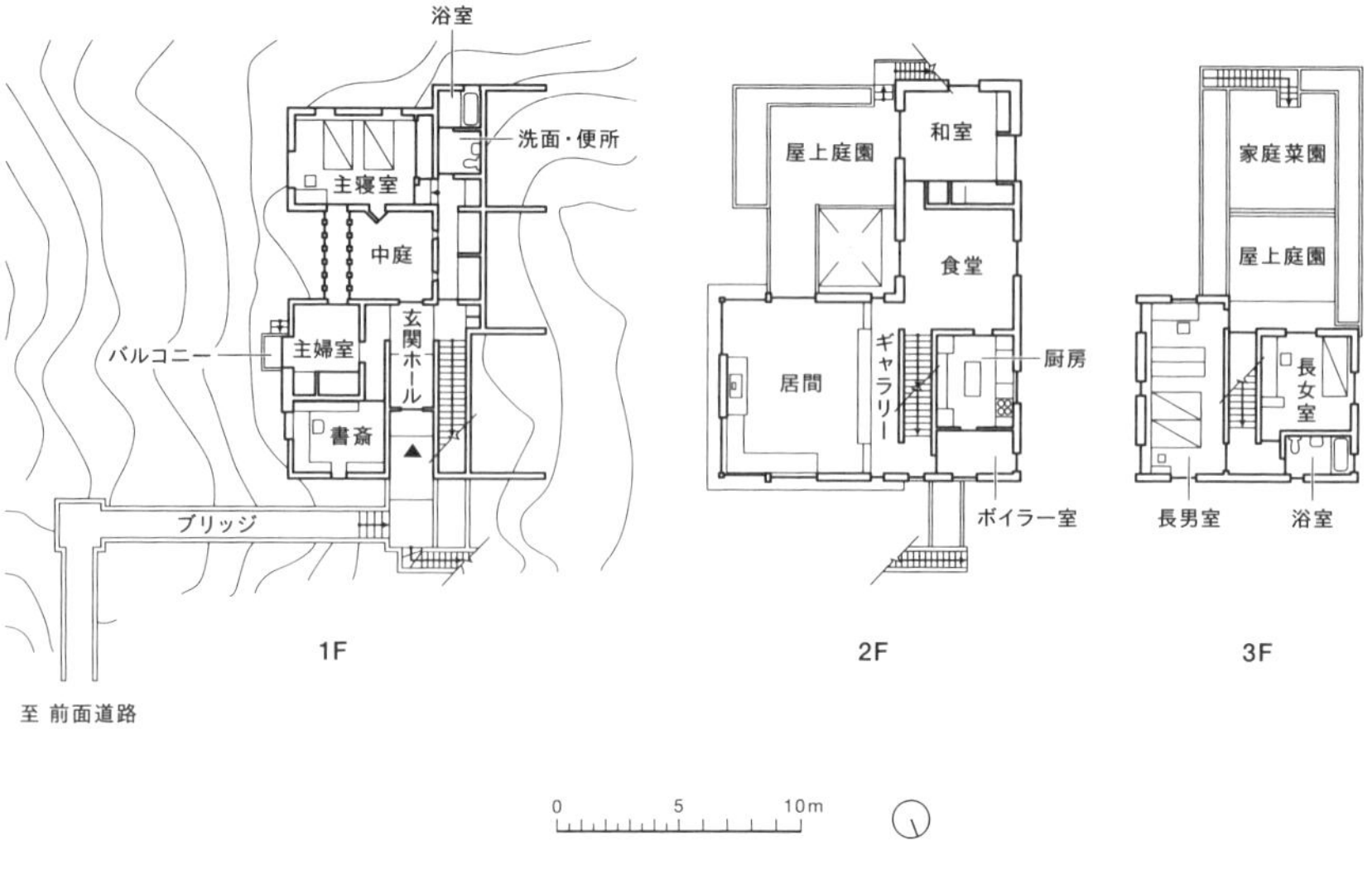

※198〜210ページの図面の室名は、過去に雑誌などに掲載された図面を参考にしています。
現在の部屋の用途とは異なる場合があります。

建築家の略歴

Profiles

ウィリアム・メレル・ヴォーリズ
William Merrell Vories

木子七郎
Kigo Shichiro

遠藤 新
Endo Arata

本野精吾
Motono Seigo

藤井厚二
Fujii Koji

アントニン・レーモンド
Antonin Raymond

同潤会
Dojunkai

土浦亀城
Tsuchiura Kameki

吉田五十八
Yoshida Isoya

坂倉準三
Sakakura Junzo

白井晟一
Shirai Seiichi

増沢 洵
Masuzawa Makoto

清家 清
Seike Kiyosi

吉村順三
Yoshimura Junzo

林 昌二
Hayashi Shoji

林 雅子
Hayashi Masako

吉阪隆正
Yoshizaka Takamasa

菊竹清訓
Kikutake Kiyonori

生田 勉
Ikuta Tsutomu

宮脇 檀
Miyawaki Mayumi

毛綱毅曠
Mozuna Kiko

大野勝彦
Ohno Katsuhiko

室伏次郎
Murofushi Jiro

前川國男
Mayekawa Kunio

篠原一男
Shinohara Kazuo

坂本一成
Sakamoto Kazunari

石井 修
Ishii Osamu

ウィリアム・メレル・ヴォーリズ
William Merrell Vories

一八八〇年米国カンザス州レブンワース生まれ。一九〇四年コロラド・カレッジ卒業。〇五年滋賀県立商業学校の英語教師として来日。〇八年京都ＹＭＣＡの一室で、建築設計監督事務所開業（後にヴォーリズ建築事務所）。一〇年ヴォーリズ合名会社設立。一一年近江ミッション結成（後に近江兄弟社と改称）。四一年日本国籍取得、一柳米来留（ひとつやなぎ・めれる）と改名。六四年逝去。

木子七郎
Kigo Shichiro

一八八四年東京生まれ。木子清敬の四男。木子家は、内裏の作事に関わる大工家。一九一一年に東京帝国大学（現・東京大学）工科大学建築学科を卒業後、大林組に入社。一二年新田帯革製造所、および関連会社の建築顧問。一三年木子七郎建築事務所を開設。二六年日本赤十字社大阪支部嘱託、同支部病院建築主任。関西を中心に多くの公共建築や住宅を手がける。五四年逝去。

遠藤 新
Endo Arata

一八八九年福島県生まれ。一九一四年東京帝国大学（現・東京大学）工科大学建築学科卒業。一五年明治宮殿神宮造営局勤務。一七年初めてフランク・ロイド・ライトに出会い、帝国ホテルの設計・建設に従事（チーフアシスタント）。二二年遠藤新建築創作所設立。自由学園明日館、山邑太左衛門別邸はライトとの共作。三〇年「西の帝国ホテル」といわれた甲子園ホテル。五一年逝去。

本野精吾
Motono Seigo

一八八二年東京生まれ。一九〇六年東京帝国大学（現・東京大学）工科大学建築学科卒業後、三菱合資会社に入社。〇八年武田五一に招かれ、京都高等工芸学校（現・京都工芸繊維大学）図案科教授。〇九〜一一年ベルリン王立応用美術博物館附属学校（現・ベルリン芸術大学）留学、西欧の近代建築に直接触れる。二七年日本インターナショナル建築会を設立。四四年逝去。

藤井厚二
Fujii Koji

一八八八年広島県生まれ。一九一三年東京帝国大学（現・東京大学）工科大学建築学科卒業後、竹中工務店に入社。一九年退社後、欧米視察。二〇年帰国後、京都帝国大学講師、後に助教授、教授。京都・大山崎にいくつかの実験住宅を建設し、気温などのデータを収集。二八年自邸・聴竹居。裏千家の茶会で知り合った八木家との縁で、八木邸を設計。三八年逝去。

アントニン・レーモンド
Antonin Raymond

一八八八年オーストリア領ボヘミア地方（現・チェコのクラドノ）生まれ。プラハの工科大学で学び、アメリカに渡り、キャス・ギルバート事務所で働く。一九一九年フランク・ロイド・ライトとともに帝国ホテルの建設のために来日。二一年米国建築合資会社を設立。二三年レーモンド建築事務所を名乗る。所員には前川國男や吉村順三などがいた。七六年逝去。

同潤会
Dojunkai

一九二四年関東大震災の罹災者の住宅を供給するために、内務省の外郭団体として創設された財団法人。都心部に建てられた鉄筋コンクリート造の集合住宅（同潤会青山アパートなど）がよく知られているが、立地のよい郊外に木造の戸建て住宅も建設し、土地付きで分譲していた。三四年江古田地区では、全体で三四八五坪ほどの敷地に、三〇棟が分譲された（写真）。

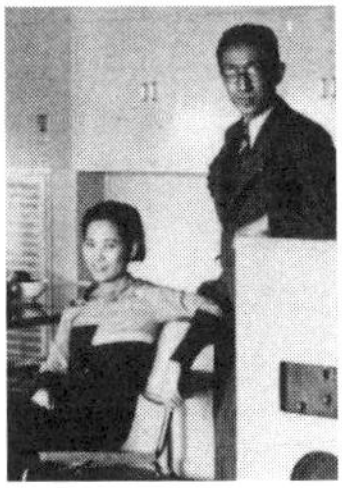

土浦亀城
Tsuchiura Kameki

一八九七年茨城県生まれ。東京帝国大学（現・東京大学）工学部建築学科に在学中、帝国ホテル建設のために来日していたフランク・ロイド・ライトの設計を手伝う。二三年大学卒業後、信子夫人（写真左）とともに渡米し、ライトのもとで働く。二六年帰国後、大倉土木（現・大成建設）に入社。三四年土浦亀城建築事務所開設。九六年逝去。数え年一〇〇歳だった。

吉田五十八
Yoshida Isoya

一八九四年東京生まれ。太田胃散創業者の子息。一九二三年東京美術学校（現・東京藝術大学美術学部）卒業。欧米に遊学の後、建築設計ならびに日本建築の近代化の研究に専念する。四一年東京美術学校講師、後に教授、名誉教授。数寄屋の近代化を図り、「新興数寄屋」を考案した。公共建築や住宅のほか、寺院や料亭などの設計も数多く手がけた。七四年逝去。

坂倉準三
Sakakura Junzo

一九〇一年岐阜県生まれ。二三年東京帝国大学（現・東京大学）文学部美学美術史学科美術史入学。二九年渡仏して、建築修学。三一年ル・コルビュジエのアトリエで働く。三七年パリ万国博覧会日本館。建築部門のグランプリを受賞。四〇年坂倉建築研究所を設立。四八年大阪支所を開設。公共建築や住宅のほか、難波、渋谷、新宿のターミナルなども手がけた。六九年逝去。

白井晟一
Shirai Seiichi

一九〇五年京都府生まれ。二八年京都高等工芸学校（現・京都工芸繊維大学）図案科卒業後、渡独。ハイデルベルク大学、ベルリン大学で哲学などを学ぶ。六〇年ヨーロッパを巡り、ゴシック建築などと接する。戦前は住宅、戦後には縁のあった秋田・湯沢で公共建築などの数々の仕事を得て、活動の幅を広げる。息子や孫（白井原太、写真左）も建築家。八三年逝去。

増沢 洵
Masuzawa Makoto

一九二五年東京生まれ。四七年東京大学工学部建築学科卒業後、鹿島建設に勤務。五一年レーモンド建築設計事務所。五六年増沢建築設計事務所を設立し、住宅や公共建築の設計に携わる。五三年竣工の「コアのあるH氏のすまい」の設計時はレーモンド建築設計事務所の若い所員だった。雑誌発表時に、ノエミ・レーモンドが寄稿している。九〇年逝去。

清家 清
Seike Kiyosi

一九一八年京都府生まれ。四一年東京美術学校（現・東京藝術大学美術学部）建築科卒業。四三年東京工業大学建築学科卒業。海軍にて兵役（格納庫などの設計）。復員後、東京工業大学に戻り、助手などを経て教授。七七年東京藝術大学教授。両大学名誉教授。二〇〇五年逝去。写真は清家家。上から次女・いせ、長男・篤、妻・ゆき、長女・ゆり、清家、三女・あさ。

吉村順三
Yoshimura Junzo

一九〇八年東京生まれ。三一年東京美術学校（現・東京藝術大学美術学部）建築科卒業後、レーモンド建築設計事務所に入所。四一年吉村順三設計事務所を開設。四五年東京美術学校助教授、教授、名誉教授。住宅や別荘を中心に設計。オフィスビルや博物館なども手がける。助教授の頃に、同僚のチェリスト・小沢弘との縁で、園田高弘邸を設計。九七年逝去。

林 昌二
Hayashi Shoji

一九二八年東京生まれ。五三年東京工業大学工学部建築学科卒業後、日建設計工務（現・日建設計）に入社。五五年林（旧姓・山田）雅子と結婚。八〇年日建設計副社長、後に名誉顧問。オフィスビルなどの設計を行う。五五年竣工の自邸「私たちの家」では、九年後に収納などの増改築（一・五期）、七八年には大規模な増改築（第二期）が行われた。二〇一一年逝去。

林 雅子
Hayashi Masako

一九二八年北海道生まれ。五一年日本女子大学家政学部生活芸術科住居専攻を卒業。研究生として東京工業大学清家清研究室所属。研究室には、林昌二、篠原一男などがいた。五三年女性建築家集団PoDoKo結成に加わる。五五年林昌二と結婚。五八年山田初江、中原暢子とともに林・山田・中原設計同人設立。主に住宅の設計を行う。二〇〇一年逝去。

吉阪隆正
Yoshizaka Takamasa

一九一七年東京生まれ。四一年早稲田大学理工学部建築学科卒業後、同大学教務補助。復員後、四六年早稲田大学講師などを経て、教授。五〇～五二年フランス政府給費留学生として渡仏。ル・コルビュジエのアトリエに勤める。「浦邸」の建主・浦太郎とは留学先のフランスで出会い、自宅の設計を依頼される。五四年吉阪研究室（後にU研究室）を設立。八〇年逝去。

菊竹清訓
Kikutake Kiyonori

一九二八年福岡県生まれ。五〇年早稲田大学理工学部建築学科卒業後、竹中工務店に入社。五二年村野・森建築設計事務所に入所。五三年菊竹建築研究所（後に菊竹清訓建築設計事務所）設立。六〇年世界デザイン会議を機に、川添登や黒川紀章らとともにメタボリズム・グループを結成。変化に対応できる建築を志向し、自邸や東光園などで実践。二〇一一年逝去。

生田 勉
Ikuta Tsutomu

一九一二年北海道生まれ。三四年東京帝国大学（現・東京大学）農学部林学科に入学、工学部建築学科に転学し、三九年卒業。逓信省営繕課航空局に勤める。四一年堀辰雄編纂の『立原道造全集』編輯委員に参加。四四年第一高等学校教授。五〇年東京大学教養学部助教授、後に教授、名誉教授。六七年槐建築研究所（後に生田勉都市建築研究室）開設。八〇年逝去。

宮脇 檀
Miyawaki Mayumi

一九三六年愛知県生まれ。五九年東京藝術大学美術学部建築科卒業。六一年東京大学大学院修士課程修了（高山英華研究室）。六四年宮脇檀建築研究室を開設。九一年日本大学教授。住宅を中心に設計。共用広場や緑を重視した住宅地の計画も行っている。執筆活動にも精力的で、専門書だけでなく、一般向けに住環境や家事などの著書を多数執筆。九八年逝去。

毛綱毅曠
Mozuna Kiko

一九四一年北海道釧路市生まれ。六五年神戸大学工学部建築学科卒業後、同大学助手として勤務、同時に毛綱モン太（後に毅曠）の名で設計活動を始める。七六年毛綱建築事務所設立。六角鬼丈、石山修武らと婆娑羅グループを結成。九五年多摩美術大学教授。出身地の釧路には、住宅のほか、学校、博物館、医院など多数の作品がある。二〇〇一年逝去。

大野勝彦
Ohno Katsuhiko

一九四四年福島県生まれ。六七年東京大学工学部建築学科卒業後、七一年大野建築アトリエ設立。同大学大学院内田祥哉研究室にて「部品化建築論」を研究し、七二年工学博士号を取得。積水化学工業に開発アドバイザーとして招聘され、「セキスイハイムＭ１」を共同開発。ユニット住宅、まちづくり、都市型ハウジングなどの設計で活躍。二〇一二年逝去。

室伏次郎
Murofushi Jiro

一九四〇年東京生まれ。六三年早稲田大学理工学部建築学科卒業後、坂倉準三建築研究所入所。六六〜七〇年タイ国全土にわたる学校プロジェクトに参加。七一年建築研究所アーキヴィジョン設立（戸尾任宏・阿部勤と共同主宰）。七五年アルテック建築研究所設立（阿部勤と共同主宰）。八四年スタジオアルテック設立。九四年神奈川大学教授、後に名誉教授。

前川國男
Mayekawa Kunio

一九〇五年新潟県生まれ。二八年東京帝国大学（現・東京大学）工学部建築学科卒業後、渡仏。ル・コルビュジエのアトリエに入所。帰国後、三〇年レーモンド建築事務所に入所。三五年前川國男建築設計事務所を開設。四二年に木造の自邸を建てる。七四年に同じ敷地に新自邸を建てる（旧自邸は解体されて保管されていた。九七年に江戸東京たてもの園へ移築復元）。八六年逝去。

篠原一男
Shinohara Kazuo

一九二五年静岡県生まれ。四七年東京物理学校（現・東京理科大学）卒業後、建築に転向し、東京工業大学工学部建築学科に入学。清家清に師事。五三年卒業。その後、「日本建築の空間構成の研究」にて、六七年工学博士号を取得。助手、助教授を経て、七〇年東京工業大学教授、後に名誉教授。住宅を中心に、公共建築の設計も手がける。二〇〇六年逝去。

坂本一成
Sakamoto Kazunari

一九四三年東京生まれ。六六年東京工業大学工学部建築学科卒業後、同大学大学院理工学研究科建築学専攻（篠原一男研究室）を経て、七一年アトリエ・ハウス一〇設立、武蔵野美術大学専任講師、後に助教授。八三年東京工業大学助教授、後に教授、名誉教授。九一年アトリエ・アンド・アイ設立。住宅を中心に設計、住宅地や学校なども手がける。工学博士。

石井　修
Ishii Osamu

一九二二年奈良県生まれ。四〇年吉野工業学校建築科卒業後、大林組に入社。早稲田高等工学校建築学科に学ぶ。兵役を経て、大林組退社後、工務店自営。五六年美建・設計事務所を開設。七六年自邸「目神山の家1（回帰草庵）」以降、目神山の地に多くの住宅を設計。生涯をかけて、「自然との共存」を持続可能にするような家づくりを追求した。二〇〇七年逝去。

［ポートレイトの写真提供および撮影］

ウィリアム・メレル・ヴォーリズ：公益財団法人近江兄弟社／木子七郎：ニッタ／遠藤新：遠藤現建築創作所／本野精吾：京都工芸繊維大学美術工芸資料館／藤井厚二：松隈章／アントニン・レーモンド：レーモンド設計事務所／同潤会：旧同潤会江古田分譲住宅佐々木邸保存会／土浦亀城：中村常子／吉田五十八：東京藝術大学／坂倉準三：坂倉建築研究所／白井晟一：白井晟一建築研究所／増沢洵：増沢建築設計事務所／清家清：木下猛（撮影）／吉村順三：門馬金昭（撮影）／林昌二：安田幸一／林雅子：白井克典設計事務所／吉阪隆正：アルキテクト事務局／菊竹清訓：石黒唯嗣（撮影）／生田勉：山下翠子／宮脇檀：成瀬友康（撮影）／毛綱毅曠：藤塚光政（撮影）／大野勝彦：積水化学工業／室伏次郎：スタジオアルテック／前川國男：廣田治雄（撮影）／篠原一男：東京工業大学奥山信一研究室／坂本一成：アトリエ・アンド・アイ坂本一成研究室／石井修：美建設計事務所

あとがき

まずは、本書の監修をした一般社団法人住宅遺産トラストの説明から。

二〇一三年に設立された、価値ある住宅建築の継承を考える組織である。設立のきっかけは、吉村順三が設計した「旧園田高弘邸」（一四〇ページ）だった。この住宅の建主・園田高弘氏が亡くなられた後、奥さまが「吉村さんの貴重な仕事なので、この住宅を誰かが引き継いでくれないか」と考えられ、その想いに応えようということで集まったのが「園田高弘邸の継承と活用を考える会」であり、住宅遺産トラストの前身にあたる。継承者を探すためのアクションの一つが、「音楽と建築の響き合う集い」という演奏会と建築レクチャーだったことは、本書に記した通り。

そして同時期に保存の話がもち上がっていた、吉田五十八設計の「旧倉田邸」と「新・前川國男自邸」（一八〇ページ）を加えた三軒の引き取り手を募る意味も含めて、二〇一二年に「昭和の名作住宅に暮らす 次世代に引き継ぐためにできること」という展覧会を開催。その展覧会のことが、二〇一二年一〇月一日の日本経済新聞に「昭和の名作住宅を守れ 都市部の『歴史的遺産』継承へ模索」というタイトルで掲載されたことで、情報が広まり、ほかの住宅の相談も飛び込んでくるようになった。

「モダニズム住宅を継承する時期が来ているため、個別の問題ではない」ということで、正式に一般社団法人としてスタートした。現在も、名作住宅の所有者などからの問い合わせがあり、日々その継承の道を探して、奮闘している。以下、メンバー。

代表理事：野沢正光
理事：木下壽子、新堀学、田村誠邦、林泰義、吉見千晶（事務局）
監事：松隈章
顧問：内田青藏、尾谷恒治、後藤治、陣内秀信、富田玲子、藤森照信、松隈洋

そして本書のきっかけは、『ＴＯＴＯ通信』二〇一五年夏号の特集「ヴィンテージ住宅の未来」だった。筆者ら（伏見編集室）が編集制作している雑誌であり、本書と同じ趣旨で、受け継がれた名作住宅の増改築を特集した。ケーススタディとして、「私たちの家（小石川の住宅）」（一四四ページ）、「湘南茅ヶ崎の家」（吉村順三設計）、「OKA MASAKAZU HOUSE」（アントニン・レーモンド設計）、「感泣亭」（一五六ページ）を掲載。その巻頭記事において、野沢正光氏と安田幸一氏に対談していただいた。野沢氏は、住宅遺産トラストの代表理事、安田氏は「私たちの家」の住まい手および改修設計者の立場での登場である。

その後、貴重な住宅建築における「継承事例のアーカイブ化」を模索していた住宅遺産トラストより、『ＴＯＴＯ通信』の特集と同じようなかたちで、継承事例を写真とテキストでまとめられないか、とご相談いただいた。素材がなければ書籍はできないということで、当時『家庭画報』

編集部にいた道面和敬氏に相談し、まずは雑誌に「住宅遺産 名作住宅の継承」を連載させていただき、毎号撮影、執筆。その連載が、このたび、書籍となって刊行されたわけである。建築専門誌ではなく『家庭画報』にお願いしたのは、「はしがき」（八ページ）にも記した通り、専門家ではない方々にも「名作住宅の継承」という選択肢をアピールしたかったからだ。

住宅遺産トラストと同様の理念で、住宅遺産トラスト関西（代表理事：窪添正昭）も二〇一五年に設立されており、本書の一部は、両法人が継承のお手伝いをしている話だ。「加地邸」「土浦亀城邸」「旧園田高弘邸」「新・前川國男自邸」「代田の町家」は住宅遺産トラストが、「旧鶴巻鶴一邸（栗原邸）」は住宅遺産トラスト関西が、「岡本の洋館」は両者がその継承にかかわっている。

時間はかかったが、ようやくまとめられた。「コアのあるH氏のすまい」（一三二ページ）の取材時、住まい手の夫妻から、皿などの陶器をいくつかいただいた。こういうものは謂れが大切だから、「名作住宅でもらった皿」ということで、我が家のコレクションになっている。陶器ほど簡単にはいかないと承知しているが、「○○が設計した住宅」とか、「○○年代の傾向を示す住宅」などといったように、住宅の謂れを楽しんで、住み継ぐ文化が生まれたらよいな、とふと思う。

取材を快く引き受けてくださった住まい手や所有者の方々、建築家および関係者の方々に、厚く御礼を申し上げたい。また、住宅遺産トラストの木下壽子氏、横田幸子氏、吉見千晶氏には、取材対象の住宅の紹介だけでなく、編集作業のサポートもしていただいた。「名作住宅の継承」は住宅遺産トラストの取り組みだが、もちろん筆者自身の関心事でもあり、書籍を執筆する光栄な機会ともなったことを、感謝している。伏見編集室の黒岩千尋氏、竹田福太朗氏（アルバイト）が、連載時の一部の編集や資料収集を担当した。漏れのない完璧な仕事に感謝する。また、筆者は建築史の研究者でもあるが、実は江戸時代以前の日本建築史（木割書）が専門なので、時代背景に若干の不安があったため、近代が専門の建築史研究者・大井隆弘氏（三重大学助教）には、ときどき相談に乗っていただいた。適切かつ迅速だった。

あまりにも美しい写真を撮ってくださった藤塚光政氏のことは、心から尊敬している。人物と建築を同時に、しかもこれだけ艶やかに見せることができる写真家は、世界でもほとんどいないのではないか。連載執筆中に友人から、「フェルメールの絵画のようだ」と言われた。

美しいといえば、塩谷嘉章氏のブックデザイン。藤塚氏の「この本は軽い内容じゃないから、品格があるようにしたい」という想いを叶えるように努めてくださった。キャッチーなデザインというより、藤塚写真と筆者の拙文が映えることを必死に考えている姿を見て、心を打たれた。本当にいいデザイナーだと声を大にして言いたい。

道面氏の後任として、連載時から面倒を見ていただいた編集者・阿部聖子氏の尽力で本書は刊行することができた。半分は専門書のような本書の企画を、恵まれたかたちで通していただいた。筆者の遅筆ゆえに危機に陥った進行も、組み立て直していただき、感謝しかない。

筆者は賃貸アパートに住んでいる。持ち家はない。本書を書いた以上、いつか住宅遺産を購入して、継承したい。お金ができたら。

二〇一九年七月　伏見 唯

伏見 唯（ふしみ・ゆい）

建築史家、編集者。

1982年東京生まれ。早稲田大学大学院修士課程修了後、新建築社、同大学大学院博士後期課程を経て、2014年伏見編集室を設立。『TOTO通信』などの編集制作を手掛ける。博士（工学）。専門は、日本建築史。おもな著書に、『木砕之注文』（共編著、中央公論美術出版）、『よくわかる日本建築の見方』（共著、JTBパブリッシング）、『世界の名建築解剖図鑑』（監訳、エクスナレッジ）など。

藤塚光政（ふじつか・みつまさ）

写真家。

1939年東京生まれ。東京写真短期大学卒業。月刊『インテリア』で建築・デザイン・美術写真に関わる仕事経験を積んだ後、1965年独立。大型カメラが主流だった建築写真界において、いち早く35ミリの小型カメラを採り入れ、周辺の環境や人間との関わりを含め、刻々と移り変わる建築の生きた姿をジャーナリスティックにとらえてきた。長年の建築写真活動に対し、「2017毎日デザイン賞・特別賞」を受賞。

一般社団法人 住宅遺産トラスト

失われていく名作住宅の数々。価値ある住宅建築とその環境が消えつつあることに危機感を抱き、これらを「住宅遺産」と呼び、その社会的な継承を志して2013年に設立された。住宅所有者の相談に応じ、多分野の専門家と連携して、住宅の維持管理、継承のサポート、その価値を広く伝えるためのイベントなどを開催している。代表理事は建築家の野沢正光。

http://hhtrust.jp/

日本の住宅遺産 名作を住み継ぐ

Japan's Heritage Houses

発行日：2019年9月5日　初版第1刷発行

著　者：伏見 唯

写　真：藤塚光政

発行者：秋山和輝

発　行：株式会社 世界文化社

〒102-8187　東京都千代田区九段北4-2-29

電 話：03（3262）5117（編集部）　03（3262）5115（販売部）

印刷・製本：共同印刷株式会社

DTP制作：株式会社明昌堂

監　修：一般社団法人 住宅遺産トラスト

ブックデザイン：塩谷嘉章

図面制作：稲村 穣（WADE）

編　集：阿部聖子

初出：月刊『家庭画報』連載「住宅遺産 名作住宅の継承」

（2016年4月号～2018年7月号）

Printed in Japan

ISBN 978-4-418-19407-0